弱者の兵法

©OPeNBooK inc

Art of War:
The Art of the Weak

A testament to you
that is about to be folded.

折られてしまいそうな君たちへの遺言

実業家
堀江貴文
TAKAFUMI HORIE

×

ゲームクリエイター
斎藤由多加
YUTAKA SAITO

KADOKAWA

本書は、同著者二名による前作『指名される技術』の続編ともいうべき著作です。

本書に登場する「筆者」および「私」は、二人の著者の経験と主観を融合させた創作人物を指しています。

２０２４年７月

著者

CONTENTS

CHAPTER 2

[弱者の兵法その二] 序列に注意　043

CHAPTER 3

［弱者の兵法その三］ゲーム視点で見ろ　071

CHAPTER 4

［弱者の兵法その四］自分を生かす環境を見極めよ　085

CHAPTER 5

はじめに Introduction

「根性」を再発明した天才

「堀藤さん、今の世代って、叱るとなんですぐに会社やめちゃうんですかね？」

昭和30－40年代生まれの経営者から愚痴まじりで、こんな相談をされることが多々ありました。

「僕たちの時代は、徹夜してでもリカバリーしようとしましたよ？」

そういう彼らの世代は、事あるごとに「這ってでも会社に来い」とか、「血反吐《ちへど》吐くまでやらない？」とか、そういう表現を使いたがるのです。

それが仕事を成功させる必須条件であるかのように、です。

「そういう根性フィクションは古すぎて賞味期限がとうに過ぎていますよ」なんて言うと、彼ら昭和の人は「根性フィクション？」と言いながら、きょとんとした表情をするのです。

「せめて時代とか流行とかそういう言葉を使ってくださいよ。フィクションって実在しないという意味じゃないですか」と。

彼らは、「根性」が、実在すると信じているのでしょう。ならば今の世代の若者にもあるはずです。けどそんな話は、とんと聞かないし、求める人もいない。ここで重要なのは彼らのような世代の人口が減った云々ではなく、「根性」は今も本当に存在するのか？　です。

本書ではそういうものを「フィクション」と呼びます。詳しくはあとで話すことにしますが、ここでいう「根性」なるものは、ある特定の空間でしか存在しなかったのではないか、つまり「特殊現実」だったのではないのか、そして今は、その空間そのものが消滅してしまったのではないか、と私は考えます。

古来から存在するものではなく、「ある時代にある人が作ったもの」だろう、と。

であるがゆえ、それを作り出した人物も特定することができます。

その一人は昭和40年代に活躍したマンガの原作者でした。彼はアニメを通して当時の日本人に、「根性」というフィクションを流行、いやヒットさせた人物です。

うさぎ跳びというトレーニングは実在したのか？

その一人の名は、梶原一騎《かじわらいっき》といいます。

「巨人の星」というマンガのタイトルは耳にしたことくらいはありませんか。梶原氏が原作を担当してアニメ化された連載マンガです。

このアニメのオープニングでは主人公が「うさぎ跳び」をするシーンが登場しました。この、うさぎ跳びという独特の練習は、ずば抜けた苦行パフォーマンスです。他の一般的な練習メニューとはその辛《つら》さがまるで違います。このオープニングシーンのおかげで、当時の日本中の中高生はこのうさぎ跳びを練習メニューに取り込み

ました。野球が上手くなる近道と錯覚したのです。
こうした子供が、全国で何万人にのぼったかを知る術はもうありません。冒頭のおじさんもその一人だったのかもしれません。
この「巨人の星」が、というより「梶原一騎」という天才クリエーターが、うさぎ跳びを、テレビを通じ日本中に広めたと言えるでしょう。

一人の天才によるフィクションマジック

「巨人の星」は、この「うさぎ跳び」以外にも、あたかも真実かのように見えるエピソードに溢れていました。

「野球のボールの縫い目の数が108つあるのは、人生を野球に捧げた者の煩悩がそこに封印されているからなのだ」という感じで主人公の姉にその父が説明するシーンがあります。硬式野球ボールの縫い目を数えてみれば、たしかにどれも108でした。こうしたことによって、当時の子供たちにとって、このアニメが語るエピソードがバイブルの一節になっていったのです。

冷静に考えれば、野球とはアメリカから来たスポーツです。ボールの縫い目の数と、仏教の煩悩思想なんてまるで関係ない。にもかかわらず、たった一人の天才が作り出した世界観が事実となって、いつしかその時代の子供らの意識の中に刷り込まれていった——。

この「特殊現実」こそが、本書がいうフィクションの正体です。

当然ながら、その後に科学的なアプローチが進み、あれだけ流行っていたうさぎ跳びは「膝を痛める」と警鐘を鳴らされて、今では見られなくなりました。

同じように、「練習中に水を飲んではいけない。練習の効果が薄れてしまう」と教わって信じてきた人たちもある日突然、「練習中に水は飲んだ方がいい」と言われるようになりました。

「今までの苦労は、俺たちの信じてきたものはなんだったんだ?」となったのも、ある意味当然でしょう。身を粉にして生きてきた時代と当時の「フィクション」は、まるで幕が下りるかのように終わってしまうものなのです。

「根性」の再発明

「役人根性」「商売人根性」「貧乏人根性」など、流行語になる以前の「根性」という言葉は、もっとネガティブな意味をもつ言葉でした。それを〝再発明〟したのが梶原一騎という天才（および同時代の天才クリエーターたち）と言えます。

その梶原氏の作品を見て育った、冒頭の昭和のおじさんたちは「後輩に根性を叩き込むことが愛だ」とうっかり思い込んでしまったわけです。確かにそれはそれで、この時代の日本人の精神的な骨格形成に貢献しました。おそらくですが、戦後の成長を担う上で、そのあまりのしんどさに挫折しかかった若者たちの、心の支えとしてこのフィクションは必要だったのかもしれません。

そして、その経済成長期を終えた日本では、もうこのフィクションごと、用済みとなってしまった。そもそも「再発明」された概念でしたから、それが用済みとなるのも必然、というオチではないでしょうか。

一部の者にしか通用しないフィクションという名の「特殊現実」の空間

本書でのフィクションという言葉は、ベストセラー『サピエンス全史』の著者であるユヴァル・ノア・ハラリ氏の使い方に準じています。氏の主張はこうです。私たちの祖先ホモサピエンスが、肉体的に優位だったネアンデルタール人に勝利し生き残った。その理由が、彼らホモサピエンスという種族にだけフィクションを信じる力があったからだ、と。

ここでいうフィクションとは「国家」や「通貨」「法律」「宗教」などを指しています。要するに、物体として目の前にあるものではないから、動物では認識できない、というものです。しかし、それらを信じる能力がホモサピエンスにはあった。

これらが「集団行動」を起こさせ、そして個人で動くネアンデルタール人を組織力で打ち負かし生き残ったのだ、というのがハラリ氏の説です。

フィクションが変われば、一瞬で消滅してしまうものがある

世界は、激変しています。

世界の変化は多くの「フィクション」を終わらせ、新しい「フィクション」を出現させます。そのせいで、突然成功者となってしまう人、があちこちに出現する一方で、それまでの自分の強みを失ったまま弱者へとなってしまう人たちも現れています。拡大する力の格差のもとで、弱者はその弱みにつけ込まれて苦い思いをするしかないのか？

本書はこの激変する時代で、そういう疑問を漠と抱えた、私の世代よりもずっと

若い、ちょうど筆者の子供くらいの世代、つまりこれから続く厳しい格差社会を乗り切らないとならない世代に向けて書いたものです。で、先の質問に対するこたえは？　となるとNOです。その心は、現実は一つのように見えるけれど、見えるものをそのまま無比の現実として受け止めるのではなく、一つのフィクションとして捉えると対処しやすいぞ、といった内容です。フィクションには、強いものもそうでないものも、大きいものも小さいものもある。それらをゲーム的な視点で評価し、良いものを選択し、味方につけることで、上手に生き抜くことができるよ、というのが本書の趣意です。

フィクションという言葉が指すものは、多少わかりにくいかもしれません。が、幸いなことに、日本という国はマンガやゲーム立国であるがゆえに、たくさんの天才によるマジックの事例がふんだんにあります。彼らの中にはモノの価値をガラリと変え、自分の弱みを強みにしてしまった異能の人たちがいます。彼らが編み出した数々のマジックに「なるほど、そういう手があったのか」と、目から鱗《うろこ》のような奇跡があることを知ってほしいし、そしてそれをヒントにして、弱者の方々に人生を少しでも有利に生きてほしいと思うのです。

CHAPTER

1

［弱者の兵法その一］

オワコンから脱しろ

自分は勝てない弱者だと決めつけている、君。君が身を置いている場は、どれも「フィクション」です。ダメなのは君ではなく、周囲のフィクションの方なのです。そういう視点変更から、まずは始めてみましょう。

世界の中心で理不尽を嘆く

2000年9月22日――。この日、柔道男子100kg超級の決勝戦が催されるシドニーオリンピックの生映像を、日本中が見守っていました。柔道といえば日本のお家芸、そして、篠原信一《しのはらしんいち》選手が金メダルに王手をかけたのです。

開始1分30秒過ぎ、篠原選手の技《わざ》が見事に決まりました。審判は「有効」のジェスチャーをしました。篠原選手は一瞬、ガッツポーズをとりかけていたのですが、少し様子がおかしくなりました。審判が技を認めた相手は、意外にも、篠原選手ではなく相手の選手だったのです。会場をどよめきが包みました。

何が起きたのかを見極められず、実況中継をするアナウンサーも混乱口調となりました。

「今の技は、どちらがどちらにかけた技だったのか？」

多くの人が混乱したまま、試合は続けられました。関係者はみな絶望の淵を見る思いだったに違いありません。試合終了直後より再三なる日本選手団の抗議も虚しく、結果は覆らず、篠原選手は金メダルを逃したのです。この不可解な事件を、翌日のメディアは「疑惑判定」「誤審で『金メダル』逃す」といった表現で大きく報道しました。金メダルを期待していた日本人が、まさに、やり場のない虚無感を味わった瞬間でした。

しかし、筆者の脳裏にはいまだに一つの疑問が残るのです。果たしてこれは本当に「誤審」だったのか。篠原選手は、実はもっと「別のなにか」の犠牲者となったのではあるまいか？

人間の判定と「曖昧さ」

柔道という競技における勝敗の判定は審判に委ねられています。当然ながら、審判は人間です。人間が判定を下す以上、審判員の個人差を排除できない。つまり、この篠原選手の敗戦は「人間が判定する」という構造上、生まれうる可能性をもっていたものと言えるでしょう。しかしその個人差が時として、ルールの「曖昧さ」となって不幸をもたらすことがある。それは、スポーツに限った話ではありません。読者の皆さんも職場でそうしたことはなかったですか？

相撲と寿司

いま皆さんが生きている日本という国。この国のフィクションを知る上で、「国技」とされる相撲について考えてみましょう。

相撲というのは、横綱になる条件一つとってみても、他のスポーツとは比べ物にならないほど、不明瞭なところがあります。そのミステリアスさが魅力の一端を担っているようにさえ見えます。もちろん、相撲というスポーツが世界的に見ても実にユニークなもので、数々の名勝負や名力士を生み出していることも、協会やら親方やら品格やらといった複雑なシステムや基準を持っていることも、ミステリアスさに加担しているようにも見えます。

そしてなんといってもこのような価値観は、相撲のみならず古典芸能や、食と板前、芸能界などなど、およそ古き伝統ある分野に共通しています。

「師の背中を見て学べ」

「カバン持ちしながら芸を盗め」

「苦労は金で買え」

「石の上にも三年」

などという慣用句とともに、この価値観は日本に深く浸透してきました。

これ、寿司職人の例で言うならば「飯炊き3年、握り8年」という掟に行き当たります。こういう根性系の言葉が職人の世界には当たり前のようにまかり通ってきました。

これをサボると「おいこらっ！」と怒られることになる。厳しい修業を堪《こら》えることが確かな味を作り出すのだから、ということですかね。

けれど本当に、こうする以外に確かな味を作り出す方法はなかったのでしょうか？　あるいは師匠たちは本当にそれがベストの選択肢と思っていたのでしょうか？

つい疑ってしまうんですが、実は、これらは師匠たちの自己都合にすぎなかった、なんてことはないでしょうか？

本当はもっと別の選択肢があったはずなのに、それをさせずに、この選択肢のみ美化することで不都合を隠してきただけなのではないか、私にはそう思えてしまうのです。わかりやすく言えば、一つ一つ教えるのが面倒だったので、それを体良く正当化しているだけの世界観、つまり、こういった日本の美学は、フィクションの一つにすぎなかったのではないでしょうか？

上司の怠慢が許された時代

確かに他人に長年のコツやノウハウを教えるのは、とてつもなくめんどくさいことです。手間がかかるし、自分の本業と別のエネルギーを使います。そしてなんといってもそういう秘伝のノウハウが店外に漏れると、店のビジネスそのものが脅かされます。

店にしてみれば、見習いたちに、うかうかとノウハウだけ持ってよそにいかれたらたまったものではありません。

「そうやすやすと教えてたまるか」とか「マニュアル化するのが面倒だから自分で覚えてくれないか？」というのが本音だったりするのではないでしょうか。

「石の上にも三年」という慣用句を使えていたのは「若者を丁寧に育てる必要がない時代」だったからではないでしょうか。

ご存じの通り、かつては若者人口が今よりも圧倒的に多かった時代です。丁寧に育てるよりも、たくさん人を採って出来のいい人間だけを残すという方法が、一定の合理性をもっていたのかもしれません。

相撲も柔道も寿司も、どれもこれまで素晴らしい人材を輩出してきました。この素晴らしい文化を否定することはできません。しかし、この国は人口減少のフェーズに入りました。おそらくは今後、増加に転ずることはないでしょう。

そんな中で、「石の上にも三年」の精神を推し続けていては担い手である若者だけではなく、師匠側も含めた業界が、いや、この国全体が危うくなる、のです。まさに本書の冒頭から紹介してきた古き良き日本の「特殊現実《フィクション》」は、残念ながらオワコンを迎えているわけで、とっとと見切りをつけて次のフィクションに移行する必要があります。

しかし、では、どんな条件を満たした時、日本が再生できるのか？　という話になるわけです。その条件を、古いフィクションとの対比の中で考えてゆくことにしましょう。

続くフィクションの条件①

「誰か」に依存しないルールがある

「命をなんだと思ってんだ！」

これはとても昔、およそ25年前の話ですが、大阪の繁華街で、原付バイクの危険な違反運転を見かけた警察官が体で止めた原付バイクの運転手に、叫んだ言葉です。その後、しばらく説教していました。その警官は説教を一通りし終わると部活の先輩のように妙に優しい声になって

「わかってくれたな。じゃ、行ってよし」

と、そのバイクの若者を解放したのです。

この警官を昭和のおじさんは「熱い人」と呼びます。こういう、型破りで人情味あふれる先生や先輩は、ヒーローとしてテレビドラマによく登場していた時代ですからね。彼自身もそれを演じてみたかっただけではないかと、私は今でも密かに思っています。

かつて日本は、警察のみならず、学校でも、プロスポーツでも「叱る」とか、「おこる」という行為を、なぜだか是《ぜ》としてきました。そして「おこられるのは下の者だけで、その逆はあってはならない」という根強い規律と合わせて、まだ日本には強く残っています。

皆さんの周囲にも「上司にこっぴどく大声でおこられた」なんてフレーズを口に

する人はいるのではありませんか？

言うまでもなく、この「叱る」「おこる」という行為は、日本の封建体質の維持にとても重要な役割を果たしてきました。というのも、これは「許す権利」の裏返しでもあるからです。

特定の個人が判定する場をお勧めできない3つの理由

「選出する」とか「許可する」といった行為は、常に「権益」とともにあります。だから周囲からの忖度《そんたく》が集まりがちです。そして昭和のおじさん世代は、この忖度の中心に身を置くことを「出世」と呼んでいました。

こういう出世主義の人は、「貢物《みつぎもの》」を要求したり、そうでない時には「オレの存在を忘れるなよー」というデモンストレーションとして「怒り」を発動します。

こういったことは、職場のみならず、許認可や、代表選手の選考や、コンテストの審査、タレントの起用、に至るまで、常について回ってきました。東京のオリンピックの誘致においても、やはり、でした。そしてこういう人たちは権益の壁で守られているので、なんやかんや、理由をつけて古い体質を継続しようとします。が、新たな皆さんの時代においては、判断するのは人間ではない方がいい、と伝えておきたいのです。

整理するとその理由は3つに集約されます。

・皆さんが忖度する必要がなくなる
・選考、許可という行為が権益化しなくなる
・判定の純度が担保される

要するに「人間による判定」は、AIの時代では、透明性の高いルール運用とは正反対のものになってしまっているのです。だからこそ皆さんたちの世代では、この体質を終わらせてほしいのです。

続くフィクションの条件②

権益レスな場である

2022年のサッカーワールドカップでは判定にビデオのみならずAIが取り入れられて話題になりました。あの有名な「三笘《みとま》の1ミリ」がまさにAIによる判定でした。これはサッカーでは大きな進展です。この流れはどんどん加速するでしょう。また、野球でも審判の判定に不服がある場合は、ビデオ判定を求めることができるようになっています。

しかし一方で、こうした主張を続ける人たちもいます。

「AIが判定するんだといったって、その判定の責任は誰が取るんだ?」

とか

「AIは言葉で説明してくれないじゃないか」

「人間が機械の奴隷になるべきではない」

これに対して私はこう答えるでしょう。

「AIは相手を選ばずしっかり答えてくれますよ。きちんと言葉で説明してくれないのは人間の方ではないですか?」

あるいは、こう答えるかもしれません。

「奴隷と言うのなら、交通信号に従っている私たちは既にその奴隷ですよね?」

自分たちの権益を守りたいと考える古い人たちは、この手の主張を繰り返しがちです。こういう人たちの壁を突き破ることに時間がかかる国は、国際的な競争から取り残されていくのは当たりの前のことです。

かつて、ブッシュ大統領(当時)が日米首脳会談の場で乗ってみせたセグウェイを、日本は認可せずじまいでした。道路は警察の権益とも言える場所です。そこに勝手に触るな、という話があったのでしょうか、とにかく日本は新しいものをなかなか許可しない、いや、できない機能不全に陥っている国なのです。

この違いが両国のここ十数年の差を生んだと言えると思います。同じ世代を生きてきた者として、ここまで後《おく》れをとらせてしまったことに無力さを感じざるを得ません。

アメリカという国にはおおらかなところがあります。法律に書かれていないことは、むやみに規制しない。民間企業にどんどん進めさせ、トラブルが発生したならば、裁判で是非を決める、そういう、ある意味大ざっぱな国です。

日本では、逆です。法律に書かれていないことは「認可されていないことだぞ。変なことはするなよ」と睨まれる。古い人たちによる既得権益の話もここに一役も二役も買います。これがこの国の変化のスピードを落としている理由でもあります。皆さんが生きるこれからの時代、こういう機能不全を何度も繰り返してほしくない、そういう思いです。

続くフィクションの条件③
忖度フリーである

権益は忖度を生む、と言いましたが、忖度がなぜ良くないのか、をここで考えてみます。

かつて名医の元には、患者からたくさんの贈答品が届けられる時代がありました。今も、こういった慣習は完全になくなってはいません。医療界には名医もいれば腕の悪い医者もいる。だから、できれば名医にかかりたいと思うのは患者としては当然ですし、自分のことを丁寧に扱ってもらいたいのも、もっともなことです。

患者は病気という恐怖心から医者に忖度するようになります。そのために少しでも良くしてもらおうと贈答してしまう。これも当然の心理と言えます。

しかし、本当の先端医療のあるべき姿は、どんなものでしょうか？　医者の個人技術を求めることは、少し論点がズレていやしないか？　と思うのです。というのも、誰が執刀しても一定レベルの、先端医療が提供されること、それこそが本来の近代医療の姿のはずです。医者への贈答品が足りなかったから手術はうまくいかなかったなんてことがあっていいのか？　いいわけない。

新しいフィクションに置き換えてみる

良い医療に必要なことは、つまりどこでも同じ品質の医療体制を作ること、つまり逆説的ですが、「上手な医者を作らない」ことです。

社会的な強者と弱者とが同じ医療を受けられるということこそ、弱者が生き残れる条件にほかなりません。ですから、皆さんの未来に重要なことは、この「フェアなゲーム」を作ることなのです。

だからこそ、皆さんにしてほしいことは、人間くささを謳歌してきた「日本特有のフィクション」を捨てて、「透明性が約束された新しいフィクション」に置換することなのです。

日本らしさ、が仇となった国際試合

ここで、冒頭の篠原選手の誤審の件について、もう一度、話します。

私はこの一件の原因を、実はこう考えているのです。

「日本発祥のスポーツである柔道の複雑な技の判定基準、これをしっかりと標準化し共有できていなかったからではないのか」と。

スポーツが世界標準になるには、首尾一貫して明確でなければなりません。このケースはまさにそれが試されたのだと思います。属人性に依るところが大きい日本文化の象徴とも言える柔道は、らしさが仇となったのではないか？　世界基準を徹底できぬまま不幸にもいわゆるダブルスタンダード状態に陥ってしまったのではないか？　それが私の見方です。

これはすなわち明文化されぬ人間依存、という日本のフィクションの脆弱《ぜいじゃく》性の象徴に思います。

自分の盲目性に気づけるか

「根性好き」だったおじさん世代は、また、次のようなことをよく口にします。

日本という国は世界トップクラスのＧＤＰを誇り、高い技術力を有し、欧米では及ばない繊細な文化を持ち、四季と自然に恵まれた美しい国である、と。

しかし、「世界幸福度報告書」のランキングでは日本は51位だったり、あるいは世界の報道機関の投票による報道の自由度は70位、など、豊かであることと正反対な情報も耳に入ってくる。

また、別の指標を見てみると、先進国の中では自殺する人もずば抜けて多い国でもあります。

おじさんたちは「日本は良い国だ」と言っているのに他国の評価が低いのはなぜなのでしょう？　テレビでは「日本は安全で美しい」と繰り返しているのに。

どっちが本当なんだ？　と、釈然としない人も少なくないのではないですか？

それは、次のようなカラクリによるものではないでしょうか。

アメリカのカラスは夕方に鳴かない

この「日本は豊かで素晴らしい国」というフィクションのせいで、昭和のおじさんたちには見えなくなっていることがある、のではないでしょうか。

かつて、こんな経験をしたことがあります。

筆者の一人が制作したゲームを米国市場向けにローカライズしていた時のことです。そのゲームは、夕方になると、カラスの「カアカア」という鳴き声が空に響く演出が入っていました。言ってみれば、時報の代わりとしての演出です。

ところが、一通り仕事が終わった後の打ち上げで、アメリカ側の担当プロデューサーから「あの鳥の鳴き声はどういう意味があるの？」と聞かれたのです。

「カラスだよ」と答えると「いや、それは知っているよ。じゃなくて、なぜ夕方になるとカラスが鳴く設定にしたの？」と聞いてくる。「だってそんなの常識じゃない？」と答えました。私たち日本人の制作チームにとって、カラスの鳴き声は夕方の帰宅の合図みたいなものでしたから。

しかし、このアメリカ人のプロデューサーにはそれが奇異だったのでしょう。彼の常識は「カラスは朝に鳴く」というものでした。彼に言われて気がついた。たしかに、カラスは六本木でも朝からずっと騒いでいます。

それにもかかわらず、私たち日本人制作チームの意識では「カラスは夕方鳴く」という先入観がずっとありました。明確な理由など見当たりません。「からすといっしょにかえりましょ」という唱歌の影響かもしれません。今でもこのメロディが夕方になると流れる町は多いです。

とにかく私たち日本人スタッフには「カラスが鳴くのは夕方」という「事実」が出来上がってしまっていて、そうなるとそれ以外のことが目や耳に入らない、つまり機能不全状態になっていたのです。そしてこれもフィクションの力です。

それでもフィクションが不可欠な理由

　では人を盲目にするフィクションがなぜなかなかなくならないのでしょうか？　なくなってしまえばいいのに……。

　個人的な見解を言うと、人間は、フィクションがないと生きてゆけない動物なのではないかと思います。

　人類は、過去何度も大きな困難に直面してきました。それらは疫病に限ったものではないです。戦争、災害、バブルと経済破綻、いろいろです。

　私たちの祖先は、こうした困難に見舞われるたびに、新たにフィクションを作ってその力で人を束ねてきたのです。言い換えるならばフィクションは統率者にとって時代をサバイブするための使える道具だったのでしょう。

　その例に、「結婚」があります。

　なぜ結婚という制度は必要だったのでしょうか？　それは「結婚という制度が人

類に定着し一番得をしているのは、誰でしょうか」の答えでもあります。

それは、その時代の統治者です。結婚制度というのは、民を上手に束ねるために必要なフィクションだったのではないでしょうか。

猿山におけるボス猿のように力をつけた豪族に、数多き子孫を束ねて下剋上を仕掛けられたら困ります。民にまんべんなく生産活動を行わせ、その下剋上リスクを排除するためには一夫一婦制というフィクションがとても便利だったのです。結婚は甘いロマンスのゴールであり、家庭を持つことが一人前の大人になる条件だ、と現代人は信じてきました。しかし、人類が結婚という「制度」を導入したのは、比較的最近のことです。

でもこの「結婚」という制度も、そろそろその賞味期限が切れ始めているように私には思えるのです。ま、結婚そのものの話は、ここでは深く掘り下げるのはやめておきましょう（笑）。要するに、皆さんを取り囲んでいるフィクションは、時として賞味期限を過ぎていたり、国外の動向からズレていることがある、にもかかわらず誰もそこに気づかないせいで、皆さん自身が機能不全に陥っている状態があるという話です。では、どうしたら、状況は変えられるのか？
そのあたりについて次の章で見ていくことにしましょう。

CHAPTER

2 序列に注意

［弱者の兵法その二］

日本というフィクションの根底には「おそれ」に裏打ちされた序列崇拝があります。出る杭は打たれるという表現の通り、それを脅かすとみなされた異能は潰されてきました。異能が活躍できるフィクションの条件とは何か？　を考えてみましょう。

Ｗｉｎｎｙと金子勇氏

日本でＷｉｎｎｙというフリーのプログラムが公開され、話題となったのをご存じですか。この話は、２０２３年に東出昌大《ひがしでまさひろ》さんと三浦貴大《みうらたかひろ》さんのＷ主演で映画にもなったので、若い人でも知っている人はいるのではないでしょうか。このＷｉｎｎｙは今のＧＡＦＡに先んじた、まさに画期的な技術と言えました。

開発したのは当時、東京大学大学院で助手だった金子勇《かねこいさむ》氏。このＷｉｎｎｙは瞬く間に多くのユーザーに利用されました。しかし、彼を持ち受けていたのは、なんと「逮捕」というものでした。容疑は「著作権法違反幇助《ほうじょ》」。

このツールを使って音楽や映画を無償で交換する行為、を幇助したという容疑でしたが、このソフトの人気が高まったあまり、情報流出が発生したり、そして一部で悪用されたりしたのです。

役所としては何かしら示しをつけないとならん、ということだったのかもしれません。裁判は長い期間をかけて行われ、最高裁で無罪が確定するまでになんと、7年もの時間を要しました。

「でも最後に無罪で良かったじゃん」で済む話ではありません。

結審されるまでの7年、世間では金子氏があたかも犯罪者であるかのごとく扱われ、そして、その職を辞さざるを得なくなったのです。

その結果、この逮捕劇によって個人の、そして日本のIT業界の異能たちは皆、萎縮しました。「これまでの社会にインパクトを与える発明は、下手にしてはやばいぞ、逮捕されるぞ」と少なからず考えたからでしょう。日本からはYouTubeのような、あるいはGoogleのような、それまでの慣習を超えたサービスは出てこなかった。

日本のIT業界は、完全にその芽を潰《つぶ》されたのです。

金子氏は、無罪を勝ち取った結審の2年後、ひっそりと病気で他界しました。

なぜ杭は打たれたのか

「出る杭は打たれる」とよく言います。金子氏のケースもまさにこれでしょう。

もし、Ｗｉｎｎｙを提供していたのが金子氏ではなく、パナソニックやＮＴＴのような大企業だったら本件はどうなっていたでしょうか？　同じような逮捕劇が起こったと皆さんは考えますか？　著作権の処理に関して大議論が起きたＹｏｕＴｕｂｅが登場した時、逮捕者など出ていません。

検察は、人騒がせなこのＷｉｎｎｙを、何かしら日本社会における反逆児とみなしたから起訴した、と推測されます。が仮にそうだとしたら、Ｗｉｎｎｙは何に対する「反逆」とみなされたのか？　という疑問へと繋がります。おそらくそれは、同類の事例と併せての私なりの仮説ですが、日本という国が重要視している自国のフィクションの中核にあるもの、を無視した、ないしは脅かした、というものではないか？　その何かとは、リクルート事件やライブドア事件と共通するもので、金子氏も、その何かを脅かしている、と当局から判断されたのではないか？　などと思うのです。この仮説については少し後で再度触れますが、その「日本のフィクションの中核にある何か」を頭の片隅に持ちつつ話を少し進めましょう。

出た杭の運命

あなたが、何かとてつもない発明をしたとしましょう。そしてその検証実験をしたところ、非常に大きい効果があると判明したとしましょう。

そんな時、次のどちらのことを言ってくる国に移り住みたいと思うか考えてみてください。

①　国のプロジェクトに参加要請が来て奨学金が与えられる国
②　危険視されて動向が監視される国

多くの人は、①を選ぶと思います。私もそうです。しかし日本は、後者の国、なのです。最近、少しずつ変わりつつありますが、Ｗｉｎｎｙの当時は、こちらでした。

確かに、職場であなたが管理しているチームに厄介な変わり者がいたら、ちょっと出ていってもらいたくなりませんか。その「変わり者」は旧来のルールから見れば、別の価値があるかなんてわからない。よもや、新しい時代を切り開く異能であるなどとは凡人にはわからない。致し方ないので出ていってもらうしかない、それが普通でした。

結果的にはそういう場所には、異能はいなくなり「優等生」が残ることになるでしょう。これで、その職場は、管理しやすくなると思います。

しかし、ゆっくりと沈んでゆくことになるのです。なぜ日本は、こういう風土になってしまったのか？

秀才のインフレ

ここで日本の教育の話をしましょう。

日本の学校教育は、統一のペーパーテストを重んじすぎたと言えます。ペーパーテストですから答えが一つの問題ばかりを試験問題に出してきました。

「一律、一斉、同質」は明治時代の富国強兵あたりからの日本の教育の特徴でした。ですからここで上位に入った者たちは皆、従順なる秀才ばかりです。結果、今では日本には秀才が掃いて捨てるほど量産されました。これが私たちの時代です。選択肢が少ない中では、そのルールと合わない人は落ちこぼれになるしかなかったのです。

その後も、「一律、一斉、同質」を実践しすぎた日本では「秀才のインフレ」を起こしました。そのせいで何が起きたか？　「異能の不足」です。しかも、異能が、あたかも排除する対象であるかのようなフィクションであることは、先のＷｉｎｎ yを例に挙げるまでもありません。

人口がどんどん減っていく国、日本。これからは「ユニークな発想をする異能」を生んで大切にしていかなくてはなりません。読者の皆さんにも、忖度することなく、どんどんと持てる異能を伸ばしてもらいたいと思います。そのためには、これからの日本のフィクションを、皆さんにとって居心地の良い場所にしていく必要があります。

秀才と異能の違いとは

ここで言う秀才というのは、小学生でたとえるならば、植木算や旅人算といった、すでに先人が発見した法則を学んで、問題の解を導き出すことに長《た》けている人たちのことです。

彼ら秀才は、正解が一つという問題において力を発揮する人です。ペーパーテスト全盛の時代において日本の学生は、受験問題の傾向や解法のテクニックに長けた者が勝者となりました。つまり、絶対的な中心にあるということです。さしずめ昨今でたとえると、GPT-4.0あたりの使い方を誰よりも先駆けて勉強し、コンサルタントと称して起業し、あるいは企業向けにセミナーをしている、あるいは解説書を書いている人たちがこれにあたるのではないでしょうか？ 彼らは最先端を行っているかのように思っていますが、元々のChatGPTを発明した人は別にいます。この人たちはそれを学んだ人です。流れに乗っかっているわけです。

一方、異能は、それに対抗する新しいことを考えている人たちです。教科書に載っていないことをひたすら考えているわけです。つまり異能というのは、流行や同調圧力に乗らない人たちです。こういう人は、成功するまでは、ただの変わり者です。教室では先生から、職場では上司から、起業してからは銀行から、いちいち煙たがられるわけです。だから弱者となってしまいがちなのです。

そこに昨今のコロナ禍が来ました。まさに「教科書に載っていない事象への対処能力」を試す格好の場となりましたが、日本は前例のない事象への対処能力に著しく欠ける脆さを世界に露呈させてしまいました。

日本とは逆に、存在感を世界に知らしめたのが台湾でした。デジタル担当政務委員を務めていたオードリー・タン氏は自ら開発したクラウドサービスで国内感染状況を把握、コントロール下に置きました。台湾はタン氏の存在によって一気にその存在感を増しました。タン氏がいなければ台湾の事情は大きく変わっていたとさえ言われます。昨今の台湾はデジタル分野においてはその存在感を大きく伸ばしました。というか、すでに日本は、アジア諸国にとうに追い越されていたのです。

このタン氏のような異能の人物を、あなたが責任者だったら職場に起用することができますか？　日本では、氏のような人材の輩出が、なぜできなかったのでしょうか。

見えない序列

さて、冒頭のＷｉｎｎｙの話でも触れた「日本のフィクションの中核にあるもの」の正体ですが、私はその正体は、一言で言うと「序列」だと考えます。

Ｗｉｎｎｙが、反逆児と思われた理由は、Ｗｉｎｎｙが当時としてはまだ馴染みの薄いフリーウェアであり、開発者が個人であり、ビットコインと同様、そこで行き来するファイルを監視する責任所在が不明だったことではないか、と思うのです。監督官庁があって、指導するルートがあり、それに則って動いていたならば、防衛庁（当時）などからの流出も、止めることができたはずだ、しかしそれができなかったのは、Ｗｉｎｎｙが日本所定の「序列」に属していなかったからだ、それが国の治安を脅かしているのだ、という理屈ではないかと。

オードリー・タン氏のような人材を日本が輩出できていないのも同様で、異能の居場所が日本の「一律、一斉、同質」をスローガンとする序列の中に、ないからだと思います。

要するに「勝手なことをして序列を無視してんじゃねえぞ」という暗黙の掟は、この国の中核にある不可侵のルールなのではないでしょうか。

上下、は日本国の国体か？

「年上を必ず敬《うやま》うという日本人の礼儀正しさが日本文化の素晴らしさでしょ」昭和のおじさんはそう言います。果たして本当にそうでしょうか？　私は実は、そうは思いません。この世に年功序列なんて不要、とすら思っています。

今でも、出会った同世代の者同士が互いの誕生月まで確認して、どちらが学年が上だ、下だと確認しあう文化があります。序列を確認しているわけですよね。これ、本当に必要でしょうか。

立場の上下を尊敬語・謙譲語という名で文法に組み込んだ社会とは、一度決定した上下の序列をひっくり返すことがほぼ不可能な環境でもあります。これが、今でも日本のあちこち、それは職場や学校の部活動などで、しごきとかいじめ、という連鎖になっていて、そのニュースは枚挙にいとまがありません。「叩き上げ」という言葉があるように、部活やスポーツや下請け企業などにおいて、教師や上司やクライアントや監督やコーチや先輩が、下の者を「叱る」ことはどこでも普通でした。「○○省に呼び出されて酷く叱られたよ」なんて愚痴るおじさんたちの仕事話はいまだによく耳にします。霞が関の官僚を中心とした日本の力関係の序列は、後述の不動産の「都心まで○○分」という宣伝文句と似ています。こういう大人の世界ですから官僚などから受けたお叱りはそのままさらに下の序列へと波及するわけです。

私には、この「上下」という力の序列が、最近の負のイベントの温床になっているように思えて仕方ないのです。尊敬することと、上下であることは別もの、ということを日本人ははっきりと理解することが難しいのでしょうか。自分を遜《へりくだ》ることなしに、相手への敬意を表現することはできるはずです。はずなのですけど、なかなかそれができない。

ですから私は、働き方改革の一環として、いっそ謙譲語なる表現を撤廃したらいいんじゃないかと思います。特に硬化した議員さんたちに検討いただき、後進の方々にフェアな競争を開放して世代交代を促していただきたいです。そして次に撤廃すべきは尊敬語表現ではないかと。サービス業での店員への過度なハラスメント行為を減らす意味でも、丁寧語だけで十分じゃないですかね？　それ以上を求める行為にブレーキをかけることが必要な時代になってしまっています。

そういえば、Ａｐｐｌｅ　Ｓｔｏｒｅは、カジュアルな日本語での接客を実践していますね。それが意図的かどうかはわかりませんが、モンスターカスタマーをＡｐｐｌｅ　Ｓｔｏｒｅではあまり聞いたことはありません。日本でもどなたか勇気ある経営者の方々には、この施策をぜひ実践していただきたいと考えています。

おそれと忖度のフィクション

目上の人への返事は「かしこまりました」と言います。漢字で書くと「畏まる」です。ありがたい時にも、「恐れ入ります」となる。

嬉しいことの報告や挨拶は「謹んで」という表現となる。これらのルールが生み出された背景とは、目上の人への正しい接し方は、笑いや親しみ、ではなく萎縮であるべきというものです。そして眉間に皺を寄せて深々と頭を下げることで相手への敬意を示します。

これらは、慣用表現の語源の話にすぎないように見えますが、日本人同士の礼儀表現は、この「おそれ」を基盤にしているのは否定できない事実です。謙譲語がない英語で外国人と会話する度に、日本語では感じない不思議な開放感を覚えます。私たちが暮らす日本という国のフィクションは、上下関係への「おそれ」の上にできてきたものなのでしょう。

また、よく使われる「態度」という言葉。この言葉は何の度合いを言っているのか、そんなことを考えたことはありますか。温度、湿度、角度、高度……。度という字がつく言葉は、必ず何かの度合いを示しています。私はこの「態度」という言葉だけが、何の度合いを指しているのかがずっとわかりませんでした。しかし本書を書きながら気がついたのです。目上の人の前で、どれだけ謹んでいるか、萎縮しているか、その度合いが「態度」の意味することなのだ、と。

しかし、このあたりの話をすると、必ず、全面的に否定してくる人々がいます。

彼らの論理は、その根拠があまり具体的ではありません。ただただ日本という国の屋台骨が崩壊してしまう、といったものです。

思うに、この説は確かに一理あります。なぜかというと「日本という国のフィクションは、この『序列』を屋台骨にして成り立っている」という、同じことを裏返しで言っているだけのことだからです。

フィクションが変われば顔つきが変わる

「帰国子女と一般的な日本人では、顔つきが違う」とよく言われます。その理由が私には、最近なんとなくわかってきました。この「萎縮」や「おそれ」という表現習慣の有無ではないかと思うのです。

余談ですが、こんな話もありました。

日本に住むアメリカ人が、近隣の日本人たちと仲良くなりました。しかし、彼は日本語がほとんど話せない。最初は周囲の人たちの協力もあり身振り手振りで関係性が作られたそうです。言葉が不自由だった分、とても親切にしてくれて、やがてカタコトの日本語が話せるようになりました。

しかし、彼はその過程であることに気づいたのです。日本語を話せるようになるにつれ、自分もいつしか日本の序列の中に組み込まれたことに。このエピソードが示していること、それは日本語という言語は「序列」のための言語だ、ということなのかもしれません。

「日本の豊かさ」はそれを植え付けた人がいる？

前の章で、「日本は本当に豊かなのか」という話をしましたが、そんな昭和のおじさんが、「豊かさ」という言葉を聞いて思い浮かべるものは何か、の話をします。

それらは、さしずめ、「頑張って苦労をし」「それなりに名の通った大学を出て」、「結婚して家族を持ち」、「石の上にも三年の精神で勤め上げ」「一戸建てを持ち」

ものでしょう。

「ローンを払い」、「貯金を貯め」「高級車を所有する」……といった言葉と共にある

上からのしごきに耐えて、とか、大学で学んで、とか、いい会社に勤め、とかローンで家を買って、という、一連の「豊かさ」のイメージの始まりは何かと辿ると、戦後の政治家のスローガンあたりに行き着きます。これら一連のフィクションは一つ一つではなく、全部が一体として日本国民に植え付けられて、戦後の成功モデルの典型となったわけです。

このモデルが広がっていく過程で、人々は物を買い続け、土地の値段は右肩上がりで高くなり、莫大な固定資産税のおかげで日本の国家予算は潤ったわけです。まさに、日本という民族がこのフィクションを持てたことで、戦後を生き延びることができた、という観点で言うならば評価できるフィクションだったのかもしれません。

事実、日本国民の総資産は世界2位です。しかもその大半は銀行預金です。これは、実に多くの日本人が、若いうちから稼いだ金を、国や銀行に貢いできた証でし

ょう。

しかし、そもそも「貯金がいいことだ」なんてフィクションを、誰が最初にふきこんだのか？　ということを考えてみます。

かつて「若いうちの苦労は金で買え」と周囲から諭され、「老後に楽をするため」に貯金を勧められ、「漢字の八の字のような末広がり」を目指してきた人たちで昭和の時代は溢れかえっていました。こぞって貴重な資金を積み立てることが、本当に理にかなったことか？　という案内ははたして彼らにされていたのでしょうか？　生命保険に加入することが安心で正しい選択だなどと、誰が何を根拠にふれまわったのでしょう？　ちなみにそこで最も得をするのは、当然ながら、昭和のおじさんおばさんではありません。残された人？　いえ、日本の銀行であり、保険会社なのです。

気づいている読者も多いと思いますが、最近になってこのフィクションは綻《ほころ》び始めています。いや、一部の人々が、あることに気づき始めていると言った方が正しいかもしれません。

その「あること」とは何なのでしょうか？

それは、最適な選択肢が、日本フィクションの外にある、だと私は思います。

これまで教わってきたことをしなくても、もっといい選択肢があるし、それを選んでいいんだよ、ということです。

たとえば、で言うと、「いい学校を卒業するだけが選択肢じゃない」し、「社会で我慢を重ねなくてもいい」し、「家はレンタルでいい」し、「汗をかいて苦労しないでお金を稼ぐ方法がある」し、「結婚しなくてもいい」し、なんだったら、「無理して日本に住まなくてもいい」し、といったことです。

自由とは選択肢のこと

私たちは憲法で自由が保障されて生きています、と信じています。でも、あなたは本当に自由ですか、と聞かれると「どうなんだろ、微妙だな」とも思ってしまうのではないですか？

天気のいい日に公園で布団を敷いて寝ていたら誰かに通報されて警察官に注意されるでしょうし、逆に公園で寝ているやつにむかついたので蹴飛ばしたら、あなたが逮捕されます。思いつきで何かをしようとしても、よくよく考えたらいちいち制約がある。自由という言葉と矛盾しているかのようにも思えます。こうなってくると自由という言葉とは何を指すのかが、よくわからなくなってきますよね。

見えざる手

世の中には行動を規制する「ルール」というものがありますが、もしそれがなくなって「誰でも、殴っていいぞ」となったらもはや世界はカオスです。車線がなくなったら事故があちこちで多発するようなものです。つまりルールが不在ではまともなゲームプレイなど成立しなくなる。ゲームが成立しないとなると、弱者に勝ち目はなくなる。だから、ゲームのルールはやはり、とても大切です。

弱者にとって大事なのは、「自分と相性がいいルール」が担保されている場を見つけることです。

「ルールは私たちの行動を制約するものなのに、そこに相性があるのか？」と思われるでしょう。あります。それは何か？　そこに用意されるコマンド、つまり選択肢です。これが自分の行動と相性がいいと、結果的に自由度が高くなる。

ですから、私は自由さの定義とは「選択肢が自分と合っている」と考えます。もし新しいゲーム（＝フィクション）に身を投じる際には、そこに選択肢が、どれだけあるか、そして適切か、を見るといい、と思います。

シムシティが教えてくれたこと

シムシティというゲームをご存じですか？　１９９０年代にヒットした、街を作るというゲームの古典的存在です。このゲームでプレイヤーは、何もない野原に、市長となってまずは発電所、そして道路や工業地帯を作っていきます。するとだんだんと人が移り住んできて人口が増え、そして税収が入るようになる。思うがままに道を作り、その道沿いに住宅が出現するのは予想以上に楽しいものです。それが好循環となって街が栄えてくるのです。しかし収益率が高い工業地帯ばかりを造成すると犯罪率や公害が増えてきて、人口が減ってしまう。手を打たないと税収が減る悪循環へと陥ってしまうのです。

このゲームには、設置できるアイテムの中に「公園」というものがあって、この「公園」はお金はうまないのですが、工業地帯の中に作ると犯罪率が減るのです。プレイヤーは、この公園を街のあちこちに配置するようになり、それによってバランスをとることを覚えていきます。

私は、この「荒廃しそうな街の中に公園を配置すると犯罪が減る」というのは、作者であるウィル・ライト氏からのメッセージだと思います。プレイヤーは各々自由に街を作っているように見えて、知らず知らずのうちに「見えざる手」に導かれているのです。

この「見えざる手」というのは、ルールが作り出す、ちょうど磁場のような力です。自由に進んでいるつもりで、いつしか、「見えざる手」に導かれることに気づく瞬間があります。新聞や週刊誌の見出しのような断定口調と違い、おしつけがましくない。しかしゆっくりと人の中に入ってきて、いつしかプレイヤーが、強制されるのではなく、自分の意思でそれを実践するようになる……。それは洗脳にも似ています。

ちなみに、日本というフィクションで「見えざる手」に当たるものは、まさに前述の「序列」というものだったと思えます。

中心を探す癖を捨てる

日本人が海外で不動産を探す時、「駅に近いか？」「町の中心がどこか？」を聞いてくるという話をよく聞きます。絶対的な中心である皇居が東京の真ん中にあるからでしょうか。「都心まで○○分」という宣伝文句も郊外の分譲マンションの常套句でした。

多様性ではなく、絶対的な「中心」があって、そこから序列が形成される、これが日本のフィクションだとすれば、古い人ほどついぞ中心を探してしまうというのも、説明がつきます。

自分なりの中心を探す

コロナ禍の時期からの、リモートワークと合理化は、移住ブームに火をつけ、湘南などの地価を変動させました。

けれど、この価値観は世界共通かというと、そうではありません。

アメリカの首都はどこかご存じですか？　ワシントンＤＣですね。これは皆さんご存じの通りです。ではワシントンＤＣはどこの州にあるでしょうか？

これは知っている人は多くはないのではないですか。

どこの州にも属さない、が正解です。アメリカ合衆国の州は、独立性が強く、首都がどこか一つの州に加担されては困る、ということで独立しているのです。アメリカには絶対的な中心はなく、各州が競い合っているようなものなのです。

では日本はどうか？　どうしたらこの中心型発想から脱却できるのか？

国内に競争をもたらせばいいのです。それが地方自治の意味、です。

「そんなこと言うと、引っ越しちゃうぞ」

などとこちらの選択肢をチラつかせるだけで、行政のサービス度がぐんと上がるなんてことになるとワクワクしますよね。そうならないのは、前述の「都心まで〇〇分」の話に戻ってしまうのですが、中央政府に権限が集中しすぎていて、「序列」に別の選択肢がないからでしょう。

見えない「序列」

日本の憲法は、その成り立ちなどからたくさんの矛盾を抱えています。それを修正できないまま、戦後の日本は辻褄の合わない事例を重ねてきてしまいました。それを簡単に変えることができないし、かといって、きちんとルールとして明らかにすることもできないことがたくさんある。明文化されていればもっとわかりやすく生きやすい国になるのですが、それがないので、ごまかしごまかし、今を凌いでいるのではないでしょうか。迂闊なことはできないので、この「なんとなくの序列」を守っているのが「日本のフィクション」の正体だと思います。

ご存じの方も多いと思いますが、筆者の一人は、かつて似たような経験をしました。某球団や某放送局を買収しようとした結果、世を騒がせ社会から嫌われ、起訴され、そして逮捕されました。どうしてそうなったのか、それを私の視点で言うと、「序列を無視した」からだと考えています。

この時に思い知ったのは、新しいフィクションに足を踏み入れる時には、その攻略法までもあらかじめイメージしておかないとやられるぞ、ということでした。この際に重要なのが「ゲーム視点」です。次の章ではいよいよ、本書の中核とも言うべき、この点に触れることにしましょう。

CHAPTER

3 ゲーム視点で見ろ

［弱者の兵法その三］

多くの人は「物事を得か、損かで判断する人は嫌われる」と教わってきました。この教えによって決断が鈍った過去はありませんか。ゲームは、時として現実よりも教訓を与えてくれます。この視点で自分を再試行すると、無駄なものが見えてきます。

ゲーム視点で実生活を考える

攻略しにくいフィクションをどう攻略するか、についての話をしましょう。ややこしい環境に対処するにはどうしたらいいのか。そのヒントは「ゲーム視点」です。ちょっと変わったアプローチですが、この章では、そのあたりからお話ししたいと思います。

自分が生きている人生をゲームと見立てたら、ゲーマーは次のようなことをまず確認するでしょう。

・ステージクリアの条件
・敵の情報
・自分の所有アイテムと使い方
・ゲームの残り時間とライフ残量

・クリア時に得られるリワード

ゲームではごく普通、当たり前のことです。こうした「ゲームだったら」という視点を「ゲーム視点」と呼んでいきましょう。

ゲーム視点によって、「現実をゲームと比較する」ことは多少のリスクと、それなりのメリットをもたらします。ある意味で、価値の増加の方程式とも言えるようなことです。多少のリスクとは何か？　そこから考えてみましょう。

嫌われることを恐れない

ゲーム内において「最も合理的に自分の利益をゲットする」というのは当たり前です。しかし実社会でそんなことをしていたら嫌われます。

「自分のことしか考えない個人主義者」

「身勝手な人」

「強欲な人」

「拝金主義」

などと揶揄《やゆ》されることになるからです。

「社会は人と協調するところなんだから、孤立せぬようお互い助けあって、お金以外の大切なものを見つけなさい」

なんて話は今まで親や先生から何十回も言われてきたことでしょうし、確かに私の経験でも、こういう態度をとっていると周囲の人が邪魔してくることがあります。

けれど、いざ肝心な局面では、皆さんの親御さんは、次のようなことを言ってきませんでしたか。

「自分のためにならないような友達とは付き合うな」

「あなたの人生にプラスになる人を見分けなさい」

「稼ぎのない旦那なんて、離婚しちゃいなよ」

などなど。

要するに、親御さんも「自分のメリットだけを追うな」と言いながら、本音としては、「メリットがないやつとは付き合うな」、とも言いたいわけです。どちらも正しいことのように聞こえます。だから全く矛盾する2つの教えの間に置かれた子は悩むことになるわけです。そして知らず知らずのうちに、どっちつかずの、切れ味の悪い人生を繰り返してしまう。当たり前です。

自分から迷いをなくせば道が見える

ゲーム的にいうと、迷いながら生きている時点で、かなりの機会ロスをしている状態かもしれません。長距離走と短距離走を混ぜて走っているようなもんです。

「あなた、どっちをしたい人？」となる。

そういう人は、まぜこぜになっているルールの断捨離、をするタイミングといえます。もし今、若い皆さんの中に、自分の良さがなかなか出せないとか、周囲と合わないなどと悩んでいる方がいたら、まずしてほしいことが、これ、つまりルールの断捨離です。そのポイントは次の2点です。どちらもとてもゲーム的なものです。

自分が目指すゴールと、ルールは明確か？

何を優先するかがはっきりしているか？

これらはゲームをする人にとっては当たり前だけど、現実社会では先送りにしてきたことだと思います。

最適化したプレイをするには、まずは迷いをなくし、シンプルに自分のゴールが見えている自分を作らないといけません。そうすることで、余計なものが見えてきますし、最適化していない自分にも気づく。

大谷翔平《おおたにしょうへい》選手や藤井聡太《ふじいそうた》名人は、古い手法を捨て去りＡＩ技術を躊躇せず取り入れました。彼らの頭の中には、これまでの「野球の練習」「将棋の研究」とは全く違うものがあるのでしょう。

自分がいいスコアを叩き出しながらプレイをしていると、「ちょっと挨拶にこいよ」という声がかかってきます。無視していると、変な圧力がかかってきます。さらに無視すると、それは嫉妬や要求に変わり、やがては妨害などになってゆきます。

そういう摩擦を避けるため、同業者同士が仲良く利得をシェアし合い、がっちり「町内会」や「互助会」を形成するところもあります。

しかしこんなことが健全な競争と言えるか、つまり本当に「いいゲーム」なのか？　そうは思えない。これはただ単に権益に組み込まれていくだけのことにほかなりません。ルールが通用しない場で弱者の寄り合いはゆっくりと競争力を失い、やがて海外から黒船が来て、結局全部持っていかれるだけの運命です。

挨拶

筆者の一人は古き重鎮たちに挨拶をしなかったために、参入しようとした業界から意地悪をされ、干されました。

ゲーム用語で「ログイン」という言葉があるのですが、これを知らせることはプレイ仲間に挨拶をすることです。これをしなかった。

挨拶というのは、一緒にゲームをする相手におこなうことであって、味方であっても敵であっても同じです。そこには、「互いにルールに則って堂々とやりとりをできる相手」という前提があると思います。裏で何かを要求してきたり嫉妬したりしてくるような相手には最初からログインしない、つまり、無視するしかないでしょう。

もしこれが「嫌われる」原因だというのだとしたらアホくさいので、そのゲームを捨ててよそに立ち去るか、あるいは堂々と嫌われて敵に回すもいい、今でもそう思うのです。大事なことは、いざという時のために「嫌われる勇気」を持っておくことですが、それすなわち、戦略を曲げない強さを隠さないことの表明だと思います。

ゲーム視点は出口戦略そのもの

ゲーム視点で物事を見る人たちの特徴である、「最初にゴール（つまり出口）を探す」ことは、人生での目的設定と同じ意味、いわゆる「出口戦略」と呼ばれるものです。どういう状況、どういう数値になったら手を放すのか。この出口戦略が明確だと、他のことも明確となってきます。これもまた、ゲーム視点を持つことの利点です。

では実際、ゲーム視点ではどのように物事が評価されるのかをお伝えしましょう。まず、面白くないゲーム、つまり「クソゲー」を思い浮かべてください。世間で言うクソゲーの条件は、おおよそ次のようなものではないですか？

① ルールが不明解、ゴールがどこにあるのかわからない

② 選択肢がない

③　自分がやる必然性がない
④　自己成長がない
⑤　夢を持てない
⑥　そもそも気が乗らない

世の中をゲーム視点で見ると、ものがわかりやすく見えることの証拠として、この「クソゲー」の条件を職場の条件だと思って読み直してください。あなたの置かれた職場や学校、友人関係などいろんなコミュニティをこの尺度で評価してみると、評価ができるのではないですか？　ゲーム視点を実社会に当てはめてみる、とはそういうことです。少しはこの有用性がおわかりになってきたのではないですか。

場を疑う力

社会も、職場も学校も、あるいは部活でさえ、皆さんのいる場所は、フィクションです。そういった場が持つさまざまなルールや人の行動が、ゲームと同様、そのフィクションの特徴ということになります。

どんな場所も完璧ということはありません。不公平や不透明さがあるものです。そうなったら、そのフィクションと自分との相性をゲーム視点で評価することが大切です。

勇気を出して今いる世界を見直し、時として離れてみることで、目から鱗、が起きてくるもんです。思いもよらない良い選択肢が他にもあると、場を離れることによって気づくこともあるでしょう。

「無理矢理に自分を場に合わせる」ことに時間を費やすことよりも、本来の自分のまま夢中になれる環境を探すことの方が何倍も利が多い。

人間関係も、しきたりも、しがらみでさえ、より自分に合った別のものを探せばいいのです。一度、離れてみることで、挫折の原因となるものが見えてくるはずです。この「見えてくる」ことが、「挫折」を回避するかぎとなると思います。ゲームプレイヤーは、環境を「選ぶ」側にいる、ことを忘れてはなりません。

自分に合わないならよそへ引っ越せ

国、通貨、宗教、学校、会社、職業、サークル、ゲーム、コミュニティ、価値観、どれも、フィクションだと語ってきました。

事実と思われていることも、何らかの意図で作られた一つのフィクションにすぎないし、私たちはそのフィクションの中で泳がされている身です。

前著『指名される技術』では、六本木の敏腕ホステスたちの営業術を紹介しましたが「若いうちに贅沢を経験しておこう」と割り切って生きる彼女らは、高齢になってまで、周囲の男性がちやほやしてくれるなどとはこれっぽっちも思っていません。

だからこそ今を充実させることに余念がないのです。その証拠に人生の後半には接客の技術を転用し新サービスで起業しています。詳細は省きますが、若いうちにはその時にしかできない人生を楽しみ、後半の人生では事業家としてまた楽しく人生を歩む。

　彼女たちの人生はまさに「二度勝ち」の人生です。

「辛抱強く同じ場所で頑張りなさい」

「若いうちは、将来に備えなさい」

「石の上にも三年」

　こうしたかつてのフィクションを、彼女たちは全く持っていません。一度楽しみ、再び楽しむ。時代は変化しているのです。ひたすら一つの会社に奉公してきた昭和のおじさんたちには考えられないような、「新しい人生モデル」を彼女たちは再発明しているのです。

　好きなおかずを最後に食べる、という人がいます。かなり昔の話ですが、ある人が、その日、大好きな卵焼きを最後に食べようととっておいたのだが、食べる前に地震がきた。関東大震災です。

　それ以来、彼は美味しいものは躊躇なく先に食べるように変わったそうです。二度と後悔したくないからだそうです。この人は、大袈裟にいうと、「価値観の引っ越し」をしたのです。この引っ越しは、その後の人生において、とても大きい意味を持っていたといいます。それは次のようなことだとも話してくれました。

「『運を使い果たす』という非科学的な慣用句が日本にはあって、そのせいで、いいことをあまり積極的にとりに行かない習慣が自分にはあった。だけど、これは『運』とかではなくて、変化しない人たちの口実だと思う。何か行動を起こす努力をサボっているだけのことだ」と。

CHAPTER

4

［弱者の兵法その四］

自分を生かす環境を見極めよ

ゲーム視点で自分がイキイキとする場の条件を考えてみましょう。何が大切か？　何が大切ではないか？　をクリアにした上で、その条件を満たす場を探してそこに自分を移してみるのです。

力を最大限に発揮できる場所の条件

転職であれ起業であれ、移住であれ、引っ越しをする先の好ましい条件を、ゲーム視点で考えてみたいと思います。

実は、簡単です。先に説明した「クソゲー」の条件がありましたが、それらをくるっと逆転させればその条件が導き出せます。

① ルール・ゴールが明解

② 選択肢が可視化されている

③ 自分らしさが出せる

④ 自己成長がある

⑤ 気持ち良さがある

⑥ 夢中になれる

これが「ハマる」、つまりゲーム視点で考える、いいフィクションの条件ということになります。もちろん最大公約数的なものですから、これらの条件がすべて皆さんに当てはまるとはかぎりません。けれど、大事なことは、自分なりに自分にとって大事なことを条件として明確にすること、です。ではそれぞれの点について、解説します。

①ルール・ゴールが明解

挫折という言葉。よく使われる言葉ですが、若いうちは誰にでもあること、とか、大人になるための儀式、ゆえに避けては通れないかのように言われてきました。ここでそもそも挫折がどういう時に起きるのか、をゲーム的に考えてみましょう。

スピード違反で捕まったことがあるという人は少なくないでしょう。いわゆるネズミ取りというやつです。

ドライバーがついスピードを出しそうな場所の少し先で待ち構えていて、まんまと捕まえるわけですね。点数は減らされて違反金を払うことになるので、カチンとくる人もいるでしょう。

けれど、これを「挫折」などとは誰も言わない。

今回はちょっと失敗しちゃったな、同じことで二度と捕まらないように注意しよう、と思う程度でしょう。しかしこれとは異質の、やりきれない気持ちになるハプニングがあります。たとえば違反などしていないのに捕まった時です。何がいけないのかよくわからないまま、違反や有罪にされてしまうような時でもいい。

このように「何を信じて良いのかがわからなくなった時」に、「挫折」は起きるのです。これは失敗とは全く異質のものです。

失敗は、本来二度三度と同じことを繰り返さないための経験値になるものです。失敗は自己進化に必要なものですから、その痛みを経験値として取り込んでゆける。

それに対して、挫折は、「折られて二度と立ち上がれない機能不全」に陥ることです。つまりこれは失敗とは正反対とさえ言えるものなのです。

もちろん、挫折から立ち直る人もいるでしょう。しかしその人の頭の中には「不信感」が必ず残る。そして二度とそこには近づかないようになる。

ここをはっきりと切り分けた上で話を続けます。

あらかじめある明確なルールのもとでの失敗は筆者にも多々ありましたし、それによって経験値を増やしてきました。でもそれが理由で「挫折」などしませんでした。先に書いた通り、失敗とは学習プロセスの一環です。

しかし、挫折は「不条理」のある場所で発生します。つまり、挫折はルール外の要因によって起こされるものとも言えるのです。あると信じてきたルールが、ないのです。

あるようで、実は、不明解だったり骨抜きだったり、属人的だったりで、事実上役に立たない。これはもう最悪です。徹底的に抗戦したくても、不合理に従うしかない。これが挫折の正体です。

■挫折とはルールへの信頼性の喪失

ここまで読んできた方はおわかりでしょう。本書冒頭で書いた、柔道の篠原選手の事例はまさに強靭な精神力を持つ篠原選手でなければ「挫折」する典型的なイベントだったと考えます。

自分が信じていることをしっかりやった。そのために努力もし、そして勝負をかけた。けれど、全く予期しない理不尽さで、それが覆され、努力が実らなかった……。そこにあるのは得体の知れない不信感であり、そこにさらなる努力を促す気力はない。また、それを乗り越えるための方法論も見当たらない。

つまり挫折とは、参加者がどちらを向いてプレイすればいいのか、何をルールとして信じていいのかわからなくなる、機能不全の状態になってしまうことです。信じたルール通りやってきたのにそれが立ち行かなくなる、ということが挫折の大きな一つの理由だとするならば、運営側としてはいかに明解で明確なジャッジメントの運用体制を作れるかが問われることになります。

■ローカルスターが居座ってないか？

ルールや判定が特定の一部のかつ複数の人々に委ねられており、その都度、誰かの判断を仰がないと進めない……。地方豪族みたいな人がいて、彼らからいちいちストップがかかるから、戦略が立てられないだけでなく、あなたの持ち味であるスピードが出ない……かつての日本はそんなところばかりでした。

あなた以外のプレイヤーたちの意識はいつしかその判定者に向き、やがておもねるようになる。これが前述した権益の温床で、日本の縮図そのものではないかと思うのです。

複数のローカルスターが「ああだ、こうだ」と足をひっぱりあっている状態を、まだあちこちの組織で見かけます。もしあなたが自分の力を伸ばしていきたいのならば、こういうところには近づかない方がいい。

■ワンマン企業のスピード感

世の中には、ワンマン企業と呼ばれるような組織が多々あります。

テレビでニュースを見ていると、コンプライアンスのしっかりとしている大企業はホワイトで、ワンマン企業はブラックという印象になりがちです。

けれど、本当に大切なことは、そこではありません。先に書いた通り、重要なのは「物事の判定がブレないか」ということなのです。

ある政治家は、単刀直入にこう発言したそうです。

「独裁国家が世界から嫌われるのは、民主主義国家よりも意思決定が圧倒的に早いからだ。有事対応でも資源でも、とにかくスピードで民主国家は勝てない。だから、民主主義国家が力を合わせて民主化させようとするのだ」

民主主義国家は、ともすると、外的変化に対して対応が遅れがちになってしまうのは、この「合意形成」というプロセスに時間がかかるからだと言われます。

筆者は個人的に、ワンマン運営が悪いとは一概には言えないと考えます。

かつて、任天堂がファミコンやゲームボーイのヒットを契機に急成長を始めた時期のエピソードです。

役員たちが「京都の本社をそろそろ東京に」と移転を計画し、周到なプランを携えて当時の山内社長にプレゼンをしたことがあったそうです。山内社長は、プランを最後まで聞かずに次のセリフと共に一蹴したそうです。

「あのな、わしらは東京を相手に商売しとるんとちゃう。世界や」

その一言に反論できる役員の方はいなかったと聞きます。現在の任天堂の存在感を考えれば、東京に本社を移転したところでその成長に大した意味などなかったであろうことは明らかです。

判断というのは、どちらが正しいかをあれこれ吟味することと思われがちです。けれど、えてしてワンマン企業にとって重要なのは「どうありたいか」なのです。

山内社長の任天堂はメジャーリーグの球団であるマリナーズを買収。マリナーズに入団したイチロー選手の人気が高まっていくタイミングで、スタジアムのイチロー選手の守備位置の後方に、他の看板とは異なる漢字交じりの日本語で「任天堂ゲームボーイ」と看板を立てました。

当時はＮＨＫがメジャーリーグの試合結果を報道し始めた時代でしたから、その試合映像には、日本語の看板がまんまと映し出されました。大谷選手の出現で、この日本語看板は普通になってきましたけれど、当時、こんな痛快な発想ができたのも、山内社長ゆえのことだったと思わざるを得ません。

②選択肢が可視化されている

「通達」とか「通告」、「宣告」といった言葉があります。「死刑宣告」とか「厳重注意通知」といった言葉に使われますが、どれも、堅苦しくて、一方的な響きがあります。これらの言葉には、本人に選択の余地がない、という意味が含まれます。

弱者が勝つには、ゲームが成立する必要があると言いましたが、仕事もそうです。人生もそう。それを死刑囚にたとえます。

ここで仮に、あなたが死刑囚だとしましょう。そして、ある日、翌日の死刑執行が通告されたとしましょう。そこには選択肢がないわけですから、あなたは「はいそうですか」と、うなだれて受け入れるしかない。そこに、選択の余地などないからです。

しかし、もし「死刑執行の直前の食事の時間は脱獄の最大のチャンスだ」と知っていたらどうしますか。死刑執行というイベントの通告は、あなたにとって最大のチャンスとなります。あなたはその作戦に思いを馳せることになる。選択肢のない「通告」が、最大のチャンスに変化するのです。

つまり、選択の余地が一見ないような「通告」「宣告」も、しっかり可視化されれば、より有利な未来を作る「選択肢」になる、ということです。

私が学生だった頃は学校は、「なぜ、その授業を学ぶのか?」「その分野をしっかり学習しておくとどのようないいことがあるのか」をはっきりと伝えてくれた記憶がありません。入学、進学のどさくさの中、いつしか教科書の一ページをめくらされていたと思います。自ら選択していないものを受け入れていたわけですから、つまりそこに選択肢がないわけですから、学ぶ方も、その必要性が見えてないわけです。実にもったいないことですが、こと日本の中等教育や初等教育はこの傾向が強いです。

たとえば、日本の高校で学ぶ歴史の授業では、近代史が手薄という特徴がありま
す。縄文時代から鎌倉時代、そして安土桃山いわゆる戦国時代などに丁寧に時間をかけるせいで、近代に差し掛かる時期には大学受験が絡んできて、明治時代以降がうやむやのままとなってしまっているのです。どうして歴史を学ぶのか、どうして近代より戦国時代が優先なのか、その理由については誰も教えてくれない。ただ試験に出るから言われた通りにやるしかない。

その結果、日本人にとっての歴史は教養なのです。そのせいか信長や秀吉といった戦国大名が人気で、それはドラマの数を見ても明らかです。海外、たとえば私の友人のイギリス人は「第二次世界大戦」だけでまるまる高校の一年間を割いたと言

います。第二次世界大戦においてどの作戦では、どこの国がどう攻めてきたか、どの交渉が有効だったか、など、歴史をむしろ世界を理解する道具として学んだそうです。二国間の若者の世界観が違うのも当然です。

皆さんは、どちらの知識を持っていたいですか？　その選択肢があったならば、皆さんにとっての歴史の授業は、格段に興味深いものになっていたに違いないはずです。自らの選択というのは、価値を知る源泉だと思うのです。

③自分らしさが出せる

「自分がどうすればいいかなんてプロじゃないからわからないよ」

ビギナーは誰もがそう思います。

実は、それは逆です。ビギナーだからこそ、感じることができるのです。そこに専門知識などは余計なのです。願望は、自我が芽生えた瞬間から始まっているのです。

自分が歩む進路は幼少期にすべて親が決めた、という人もいます。こういう人生はろくなものにはならないと私は過去に言ってきました。

人生は自分で選択したものであることが重要なのです。選択のタイミングは大人になってから突然訪れると勘違いしている若者も多いのですが、違います。

実は生まれた時から、選択はずっと発生しているのです。

学校も、学生自らが自分の願望に基づいて選択するものです。専門学校や大学はそのためにあります。

目指したいものを、学校の卒業を起点にして決めようとしてきませんでしたか。卒業資格や、学校からの就職実績、そんなようなことを起点にして発想していると したら、それは、卵焼きを食べずに後悔した人物と同じ体験をすることになります。

プロゲーマーなら、戦略は環境選択した時に始まっている、と理解するのではないでしょうか。入学したら、その学校のルールや教師の指示に従わなければなりません。だからこそ、そもそもその学校を選択したのは自分でなければなりません。

そのための情報武装は、可能な限り行いましょう。

「こうなりたい」という目標を持つことだけは本人の責任なのです。それがないとよくわからないまま、挫折が訪れることになります。

自分らしさが出るのが「相性のいいゲーム」

良いゲームほど、プレイヤーの個性が出るものです。

それは将棋や麻雀などでは顕著ですが、要するにゲームが映画と違う点があるとしたらそれは、映画は「見る」ための作品であるのに対して、ゲームは「参加する場所」であるということです。

「場所」である以上、その人らしさ、自分らしさを出せるのは当然と言えますし、それができる場所ほど良いということになります。ゲームがここまで普及したのは、ゲームはプレイヤーが参加しないと進まないのに対して、映画は約2時間経過すれば自動的に終わる、というメディアとしての違いがあります。つまり、ゲームはプレイヤーが参加しないと進まない、そのプレイヤーごとの個性が出るメディアと言えるのです。

■人柄が伝わるから感動する

野球は、日本で最も人気のあるスポーツでしょう。一試合が壮大なドラマのように人々を魅了します。しかし、実のところ野球選手がやっていることは、瞬間の行動を切り取れば、走る、投げる、捕る、打つ、の4つだけです。

それにもかかわらず、名ドラマが生み出されます。2023年のWBCで栗山英樹《くりやまひでき》監督の采配に一喜一憂し、そして感動の涙を流した人も多いのではありませんか。たかが4つの動作の組み合わせなのに。どうして人を感動させることができるのでしょうか。

それはゲームの一つ一つの采配に、監督の人柄が反映されているからなのです。

将棋の名人とかつて対談したことがあります。その時に、「対局によっては、相手の弱いところを徹底的に突いてゆく、嫌な面での対局もあれば、互いに良いところをぶつけ合う清々《すがすが》しい対局もある」という話を聞きました。

やり取りに双方の性格が出るのは将棋も同じだということでしょう。

だから、どちらもＡＩという、ＡＩ同士の対局は、ちっとも面白くないだろうと思います。困ったり悩んだり、と競技者の性格が出るから、ゲームは面白い。ハマる、その要因は、そこに自己投影できるか、なのです。その対象が人間であること、は共鳴の条件でしょう。

自分らしさを変えてしまうリスク

格闘家や野球選手が、デビューした当時に持っていた粗削りで大胆なフォームを変更し、上手いけれども面白みの欠けた選手になっていく——。そうした選手をよく見かけます。そのたびに、彼らがフォームを変えたのは、本当に自分の意思でのことだったのだろうかと疑ってしまいます。

進化と適応は違います。

強くなるということは、自分を変化させることです。肉体の場合では、体に一定以上の負荷をかけることでしか筋肉量は増やせません。負荷と表現しましたが、自分を進化させることは総じて苦痛が伴います。その上での問題は出来上がりの姿です。そのデザインは誰がするのか。それは、自分自身でなくてはいけません。

職場で「上の人たちの指示で」とか、「これまでの慣例で」といった理由で「自分らしさを変え」ないとならなくなったとしたら、それはとてつもなく慎重に判断しないといけないターニングポイントだと考えるべきです。

そんな時は、一度、疑ってほしいのです。目指す変化は、本当に自分の意思に沿ったものなのか、と。

狼が家畜化すると犬になります。猪が家畜化すると豚になり、野生の鴨はアヒルとなります。どの種も、白くなり、扱いやすい性格に変化しました。

では、今の人間はどうでしょうか。今のあなたはいかがですか。

もしかしたら、これまでのさまざまなフィクションに馴染んできた結果、安全で無難に家畜化しているのではありませんか。

ギンギツネの毛が持つ独特の銀色がもてはやされた時代に、その繁殖を試みた人がいました。ギンギツネは人工繁殖がとても難しい種です。当然、かなりの苦労を強いられましたが、なんとか繁殖に成功しました。ところが、生まれたギンギツネの毛は野生の毛色ではなく、全く違う色になってしまったという話です。

これは少し変なたとえ話だったかもしれません。ただ、一度変化した自分を元に戻すのは容易ではないのです。「戻す」にも苦痛を伴うことすらあります。だからこそ、必要なその変化が本人の希望によるものなのかそれとも第三者の意図によるものなのかで、意味が違ってくるわけです。

絶対に、これらは自分の選択でなければいけません。

自分を変化させたいと思った時に、コーチや教師に指導を仰いだとしても、最後のコントローラーは手放してはならないということを再度覚えておいてください。

あなたの話に聞く耳を持たない指導者だと判明した時――。その関係を断つことは、とても勇気がいることでしょう。しかし、自分を守るというのは、それほどに重要なことなのです。

④自己成長がある

不思議なことに、呼び名は違えども、あらゆる国に「じゃんけん」が存在します。ある意味、じゃんけんは世界で最も遊ばれているゲームと言えます。しかし、そのじゃんけんに人々が「ハマらない」のは、そこに上達の余地がないからです。

この上達の余地というのはゲームにおける重要なポイントです。この正体を知るために、ここでポーカーを例に考えてみましょう。

世界中のカジノで人気のあるポーカーですが、いわゆるテレビゲームとしてのポーカーはまるで人気がありません。テレビゲームにおけるポーカーはランダムな運試しのゲームと言えます。ところが、ここにひとたび「賭ける」という行為が加わることで一気に様相が変わります。何が違うのか？　相手を脅かすことができるようになるのです。相手の恐怖心を刺激すること――、つまり「ハッタリ」というスキルが生きてくるのです。

この点においてまったく異なるゲームとなり、これが「ハマるか、ハマらないか」の分岐点となるのです。ハマるというのは、ゲームに「成長の余地があるか」という要素が重要だということなのです。

成長とは、自分固有の能力の獲得です。これがゲーム性を司る中核となりえるのです。自分の能力が問われないものに、人はハマらないものです。

自分の能力を問われることは、自分の存在意義の証明そのものです。ルールとスコアが明確で、そこで規則性を発見することができ、戦略に能力が問われると、他人との能力差が現れてきます。

その途端、人はそれを駆使してみたくなるのです。

ハマるとは、こうした現象が起きているのです。

■人類が小麦ゲームマニアになった理由

戦略が練れて、上達し、さらに高得点を目指すことでハマる、というゲーム性は文明が発展してきたパターンでもあります。その最たる例は、農業ではないでしょうか。
人類の祖先は、血のにじむような困難を乗り越えて農業を作り出したと思われているようですが、筆者はそうは思いません。人類は小麦が持つゲーム性に導かれた、と思っています。

「実ったタネを地面に落とさない変異種を見つける」
↓
「手で収穫することが可能となる」
↓
「そのタネをより多く実るように工夫する」
↓
「欲望が進化し余剰を保管し貯蔵することを思いつく」
↓
「富が生まれる」

←

「さらに欲望が進化し、流通する富、通貨が生まれた」

小麦というのは不思議な進化を辿った植物です。

実ったタネを落とさない「不良種」が、偶然にも人間に重宝され発展したのです。小麦がタネを本来のように周囲にばら撒いていたら、人類に育てられることはなかったでしょう。

しかし、こう考えると、人類を「貨幣経済」というフィクションに導いたのは小麦という植物の突然変異種によるイタズラではないかとすら思えてきます。

いずれにしても、人類は昔から強欲です。もっと欲しい、もっと稼ぎたい、そういう願望に対して、ハマるルールを提示した生物は栽培され発展し、人はそこに対して顕著にハマっていったということです。

⑤気持ち良さがある

「気持ち良さ」が大切である、なんて言うと不謹慎だと捉える文化が日本にはありました。というのも、苦痛と忍耐こそが大切というフィクションでしたから。

その例を話しましょう。

「考えていることがよくわからない」という意味で、「天才肌」という言葉が使われることがあります。

たしかに、異能の人というのは変わっている人も少なくありません。彼らは、

「なんだか気が向かない」

「そういう気になれない」

「あまり気が乗らない」

といった理由で仕事を断ったりもするので、そういう言葉で疎《うと》まれることがあるわけです。

某広告代理店の社員が、とある著名なプロに仕事を依頼したものの「気が乗らない」と断られたと毒づいているのを見かけたことがあります。プロとしてあるまじき態度だと痛烈に批判していました。

しかし、実は、違うところに本質があります。

独立した一人のプロにとって、「気が乗らない」というのは十分、断るに足る理由なのです。高度な直感力を持つ人は、気が乗らない、気が向かない、気が合う、気にいった、という表現を使うだけの話で、実は言葉では表現し得ないもっと高度な直感を検知しているのではないかと思うのです。

それがもう一方の意に反している時、凡人は「わがまま」という凡庸な表現を使ってしまうのです。

■気持ち良さの追求を遠慮しない

子供の頃から感じていた自分の中に内在する「気持ち良さ」、筆者はこれを今でも覚えています。今、同じように気持ち良さを得る瞬間は、パソコンに向かってプログラムを書いて、それが動いた時です。この快感にずっと突き動かされている気がします。初めてこの快感を得た時の感動を今も忘れないようにさえしています。振り返って、この快感を得る行為を押し殺していたらどうなっていただろうかと考えると空恐ろしくなります。

快感というのは人間性の極みです。快感が得られないことなどは、そもそも長続きしません。自分らしさというのは長く続けられるものによって生み出されるものです。

我慢していても結局は続かないのです。忍耐を続けるのは人生の無駄遣い。あなたにとっての快感、気持ち良さこそが大切なのです。

■ゲームが教えてくれるもの

「ニンテンドー」は世界で使われる一般名詞となりました。

「クソゲー」は誰もプレイしませんが、優れたゲームは、世界中でプレイされます。優れたゲームとクソゲーの違いは何か？　それは、「挫折させずに」プレイさせてくれ、続けるモチベーションを「維持させてくれる」ことにあります。だからこそ、世界中でヒットするのです。つまり、「わかりにくさ」「不明確性」のようなものがとことん排除されるのです。

ここで思い出してください。

この「わかりにくさ」「不明確性」とは「恐怖主義」や「属人主義」といったものと同じく日本特有のフィクションを形成しているものでした。つまり、逆説的に、素晴らしいゲームとは「日本特有のフィクション」を既に排除していると言えるのです。当然ですよね。世界的にヒットする、とはそういうことなのですから。つまりは、この世界的にヒットするようなゲームのノウハウとは、私たちが生きる現実社会にも有効なノウハウなのです。

では、ここで世界的ゲームメーカーの代表格、任天堂を考えてみましょう。そこには舌を巻くような哲学が多々あります。そしてこれからの時代、現実社会においても重要な財産とさえ言えるものばかりなのです。

■任天堂と日本の義務教育

任天堂が持つノウハウがどんなものかを説明する上で、まずは、その真逆にある話から始めたいと思います。日本の義務教育です。

日本の義務教育はなぜ「任天堂の真逆」と言えるのでしょうか。

義務教育において不思議だなと常々感じるのは、「その教科を学ぶ面白さを最初に伝えない」ことです。子供の頃、あなたは、歴史や地理をなぜ学ぶ必要があるのか、しっかりと説明を受けた経験はあるでしょうか？　ゲームでは当たり前となっている「なぜその行動をとるのか」というガイダンスが、ない。

義務教育には法律に裏打ちされた強制力があります。なぜその教科を学ぶ必要があるのか、それを説明する必然性がないのです。

その教科をどこまで学ぶと何ができるようになり何の利点（ゲームで言えばアイテム）を獲得でき、それによってどんな敵キャラを倒せるのか。ゲームだったら大切なそういった説明は義務教育では一切なされません。

トーク番組などで、「ギターを弾きたかったが、Ｆで挫折した」という話をよく聞きます。

ギターのコード（和音）にＦコードというものがあって、指でそのコードを押さえるのがなかなか大変なのです。筋力的な要素、指の形の難易度、などさまざまな理由があり、確かに６つの弦がすべて綺麗に鳴るようになるにはそれなりの鍛錬が必要です。これが乗り越えられなくて、Ｆを使っている好きな曲が弾けないので、あきらめてしまうというのが、この話の真相です。

私もギターを弾きますからＦの難しさはよくわかります。

しかし、それで挫折者を出してしまうのは、教育側（ここでは音楽教本などの出版社）の怠慢だとここでは言いたいのです。コードをすべてマスターしないとギターは弾けないのか？　そんなことはありません。一人で弾くならＡやＤやＥを使うキーに転調すればいいし、バンドではベースがいるのだから、６本の弦をすべて鳴らす必要なんてありません。

もし任天堂のゲームだったらどうでしょうか。

任天堂にはマリオクラブという発売前のゲームの評価セクションがあって、モニターによるプレイの進み具合が芳しくない部位が発見されると、そこを徹底的に検証する仕組みがあります。

ですから、もしギタープレイの一部の難易度が高すぎると判明したら、彼らは新しいアイデアで、プレイヤーを乗り越えさせるはずです。少なくとも、放置してこのゲームから挫折させるなんてことは絶対にさせないでしょう。

教育する側というのは、ついぞ、生徒側より上になった気持ちになる傾向がある。テストで良い点数を取れないのは生徒の能力のせいであり、教師の能力のせいになることはほぼありません。

けれどゲーム業界では逆です。プレイヤーが挫折して問われるのはゲームシステムのせいと考えられます。プレイヤーにその責が押し付けられることはありません。ユーザーに「よくわかんないからやめた」と言われたゲームは致命傷となりますからゲーム会社はそんなことにならないように最大限の工夫をするのです。

ここで、任天堂です。

任天堂が上手なのは、プレイヤーに当事者意識（モチベーション）を芽生えさせ、そのあとは何もしなくても自走するようにさせるテクニックです。

任天堂のゲームソフトは、ユーザーがマニュアルを「読まない」ことを前提に作られています。

プレイヤーが置かれている状況や目指すゴールをゲームの冒頭部にしっかり体験させます。「説明」ではなく「体験」です。言葉や映像で見せるのではなく、ゲーム本編の中に小さなゲームを用意してユーザーに経験する機会を与えるのです。

そこで成功を経験させて、それを褒めるような仕組みを用意します。うまくいかなかった場合は「なぜダメだったのか」をゲーム内のキャラクターが理由とともに教えます。そしてその確認テストまで用意するのです。

理解されないゲームにはお金など払ってもらえないことを彼らは知っています。民間のゲーム業界は、だから力を抜かない。叱る時も「なぜ君は叱られるのか」をしっかりと説明するのです。教科書から「勝手に学べ」ではなく、体験をユーザーと併走するのです。

これが、人を動かす秘訣です。「真逆」と表現した理由がおわかりになったと思います。

⑥夢中になれる

人が成長するためには、苦労に耐えることが大切というのが「根性の時代」のフィクションでした。しかし今となっては、それは逆で、脳科学的には、脳細胞が活発に活動するのは「夢中になっている時」、つまりハマっている時だとわかっています。同じ理由で、恐怖心は脳を萎縮させ成長を阻みます。上下の序列によって下の者が萎縮することの多い日本では、これはとても意味を持ちます。

ハマれている時の脳細胞の処理スピードは、日常の何倍にも増大しているといいます。「我を忘れる」とか「時を忘れた」という表現がありますが、そんな時が脳細胞のシナプシスに新しい接続が加わる瞬間です。

脳は人体で最もカロリーを消費する器官ですが、この時はとりわけエネルギーが消費されている状態です。猛烈に脳が集中している状態になると、そのあとにやけにお腹がすいた経験があると思います。そんなことが夢中になっていることの証明でもあるのです。自分の才能に気づかされるための、大事な出会いです。

■「ゲーム性」

何かのゲームにハマるように、自分の生きる環境や仕事の環境に「ゲーム性」が見えてきた人は、居場所を見つけたといっていいのではないでしょうか。ハマり度によっては、その人の成長するスピードは爆発的になるわけですから。

何か夢中になれる対象を見つけたら、それだけで、かなりラッキーと思って良いです。それは、いかなる授業より強力な学習の道具と場を見つけたと思って良いです。ハマれることは、それくらい財産です。

「仕事をする環境」というと、デスクとパソコンを思い浮かべる人も多いでしょう。しかし、売れっ子芸人は、オフィスもデスクも持っていないことが多い。彼らはどこでネタを考えるかというと移動中の電車の中だったりします。夢中になっている人にはありきたりの設備などはむしろ不要なのです。

ですから皆さんが「好きである」、とか「夢中になれる」ことがあったら、それを大事にしてください。そして、すぐにでも動き出してほしいのです。一つ面白い例を次に紹介しましょう

■好きなことをひたすら続けた男

ただゲームが好きだ、というだけでゲーム会社でのバイト職を得た、そのカナダ人の人物はプログラマーではありませんでした。

コードは書けないし、企画も立てられません。ただゲームが好きなだけなのです。そんな彼の仕事といえば、部署内にあふれてきた雑用をひたすらこなすだけでした。主たる雑用とは、プログラマーが日々進んだゲームの開発部分を、テストプレイしてバグを報告すること。そんな毎日を続けて10年を超え、社員への登用があるわけでもなくバイト契約も潮時、という時期となった時の話です。

彼は、自分に全く専門性がないことを知っていましたから、深くゲーム開発に関わることができないのも織り込み済み。でも今の職場を離れたからといって、ピザの配達のバイトも、下水管工事の仕事も、自分らしく思えない。これからもゲームをプレイしてその品質改善に貢献したいという気持ちだけが強くありました。

そこで、バイトを退職すると、場所を外に移し、これまでやってきた雑用テストプレイの評価とデバッグを受託してレポートするフリーランスの身となったのです。

彼の強みはとにかくゲームが好きなことでした。どんなステージのテストも生き生きとプレイしました。だからこそ、プレイしにくい部分をプログラマーにどう伝えるといいかは誰よりも知っていました。

数年後、彼は発売前のゲームのプレイアビリティ評価会社の社長となっていました。プレイアビリティ評価などという市場が生まれてくるとは業界関係者の誰も思っていなかったのですが、社長が誰よりもゲームが好きという評判から依頼は途絶えることはありませんでした。そして会社は急成長を遂げたのです。彼独特の評価レポートがうけて、海外からも仕事の依頼が届くようにまでなっていました。

彼は、誰もやっていないことの第一人者に、いつの間にか、なっていたのです。そのことに気づいていた人はいませんでした。というのも彼が果たしてきた役割と能力に、きちんとした「名前がついていなかった」からです。ただそれだけのことです。

しかし、マーケットはあったのです。彼自身が動き出したことで、誰も手をつけていない、ブルーオーシャンの市場を手にしたのです。

若いうちは、自分の個性というのは自分ではわからないものです。どこまでが個性でどこまでが直すべき悪癖なのか区別はつきにくいものです。だからコーチや先生の言うことをただ受け入れることも多いし、実績のある先生だと説得力もあるから親もついつい言うことを聞かせてしまうこともあるでしょう。

でも、本当の自分を見つけてくれるのは、自分自身しかいない。それを教えてくれるのは、「ハマれた」という事実しかないのです。だからこそ、「自分が好きなコト」「ハマれるモノ」を大事にしてください、と言いたい。

CHAPTER

5 強者の手口を知る

［弱者の兵法その五］

魅力的なフィクションは目に見えない力を持っていて、知らず知らずのうちに人々をある方向に引き寄せることがあります。君が気づいていないフィクションはたくさんあって、そのいくつかは危険なものでもあるのです。

フィクションの5つの手口

この章では、私たちの身近にあるフィクションがちょいちょい使う手口について見ていくことにします。そう、私たちの近くには小さなフィクションがたくさんあるのです。ふだん、大きなフィクションに比べて、身近で小さなフィクションに気づくことはありません。というのもフィクションは上手に人を騙すから、です。それらを手本に、「上手な騙し方」のいわば、手口を知っておくことも皆さんが荒波の中で生き延びるためのヒントになると思います。

ざっと5つあります。

① 上手に嘘をつく

② 中毒性をまぶす

③ 出口を隠す

④　勝てると錯覚させる
⑤　古い知人を装って入ってくる

この5つの観点から、フィクションというものが持つ、強さと弱さを考えてみたいと思います。

①　上手に嘘をつく

フィクション界のトップに君臨するものと私が考えるのは、あのディズニーです。ディズニーランドが日本にオープンして40年以上経過していますが、人気が衰える様子はありません。

ディズニーが持つ最大の力、それは「期待を裏切らない」だと考えます。たとえ、それが「事実」に反していたとしても、です。

たとえば「ジャングルクルーズ」というアトラクション。これはディズニーランドのアトラクションの中でも重鎮的存在です。ジャングルと聞いてあなたはどんな動物をイメージするでしょうか。

ライオン、象、サイ、キリン、ワニ……こんなところかもしれませんね。ジャングルクルーズには、このすべてが盛り込まれています。けれど、実のところ、これらの動物が一斉に生息する生態系など地球上には、実在しないのです。客が「見たい」と思うものをすべて取り入れているために「嘘」をついているのです（実は、ジャングルクルーズ内では、とても小さな字で「ここからはナイル川」「ここからはアマゾン川」というような表記がされていることに気づきます。観客が興醒めしないようとても小さな字で、です。だから正確には「嘘」ではなく、「うまく演出」が施されている、というべきかもしれませんが）。

力強いフィクションを作るには、この「上手に嘘をつく技術」が、不可欠のようです。

乗客のアクシデントを逆手にとってしまう、というディズニーマジックの例をもう一つ紹介しましょう。

「ホーンテッドマンション」というアトラクションは、お化けたちが棲む屋敷を音声付きのカートに乗って案内してくれるものです。

このカート内で流れる音声の中に「あれあれ、イタズラ好きなお化けが、また何かイタズラをしでかしたようだぞ」といったものがあります。この音声が流れる際に、なぜかカートは停車するのです。私は、最初にこの音声に遭遇した時、何かイベントが起きることを期待して待っていました。しかし、しばらくすると何事もなくカートは再び流れ始めました。

その時にこれは、スムーズに乗車できなかった客の安全のためにカートを停止させた時の緊急対応音声だと気づきました。他社ならば「えー、ただいま、乗客の方に乗車ミスがありましたので一時的に緊急停止致します」などとアナウンスが入るところでしょう。ディズニーランドは違うのです。お化け屋敷にそんな言葉は、存在しないということでしょう。彼らは上手に「嘘」を使うのです。それが危険につながらないという安全確認はとられているのでしょうから、これもエンターテインメント業界にとってはお手本のような技です。

② 中毒性をまぶす

サブスクモデルになってゲーム市場は急拡大し、ゲームのあり方はガラリと変わりました。スマホゲームを提供する会社の日々の課題は「いかに感動させる作品を作るか？」から「いかに継続させるか？」へと変わってしまったのです。

極論すると、中毒性を作り出せば、ビジネスは儲かります。国を問わず人類は、共通して中毒性に対する免疫を持っていないようです。高い中毒性は人や国まで破滅させるほどの危険物、と言えます。つまり劇薬です。中国のアヘン戦争もその中毒性が歴史を変えた原因だったと言えるでしょう。あまり表立って議論されることはありませんが、中毒性というのは時として社会を脅かす力を持っているのです。

だから中毒性のあるものを、お酒やタバコも含めてですが、国は公営もしくは許可制とすることで対処してきました。国として管理する方が野放しにするよりも国民の安全を維持できる、というのも一つの理由でしょう。しかしもう一つの言い方をすると、それらはとても「儲かる」のです。中毒性の高いものを売ると、大きな収入が期待できるのです。

スマホゲームには、中毒性が高いものも多々あります。直接的な賭博ではないので許認可の対象とはされていませんが、ガラケーの時代には、ゲーム利用代金が通話料金に加算請求されたことで、社会問題になったことがありました。今もこの問題の本質は変わっていません。提供会社はガチャの確率を変えたりアイテムのバランスを変えてみたりと、変化を与えるたびにビッグデータでユーザー動向を見て、その効果を計測しています。彼らは言い換えると中毒性の研究をしているのです。

■カジノをハックした男

中毒性の高い有料サービスに、あらかじめ出口を設定しておかないで足を踏み入れるのは危険です。その代表例がギャンブルでしょう。数学的に言えば、すべてのギャンブルは運用者によって緻密に計算された還元率が定められているので、かならず損をするようにできています。にもかかわらず、ハマってしまう、となると、破滅が待ち受けているわけです。もちろん、運営側はそんなことはおくびにも出しません。しかもその多くは許認可性ですから、その後ろ盾となる省庁がどのギャンブルにも必ずいるわけです。表立った問題になることもない。

しかしそんなギャンブルの攻略に挑戦した人がいます。ギャンブルで勝つ方法は一つだけ、「勝ち逃げ」しかない、そう結論づけた彼は、名は伏せますが、カジノをハックすることに挑戦したのです。そもそも彼はゲームプロデューサーで何か新しいルールが作られると、それをテストしようとする癖がありました。業界用語で言うところの「デバッグ」という作業です。

たとえば、ふるさと納税という制度が導入されるや、彼はこの制度を徹底的に研究し尽くしました。自分だけが見つけたうまいやり方を探し出し、ニュースになったほどです。ゲームプロデューサーの彼にとっては「見事に攻略した」という表現になるでしょうか。ちなみに、この「うまいやり方」の発見によって、制度の一部が見直されるきっかけになったとのことです。

この彼が、自分の編み出した「勝ち逃げの手法」を海外のカジノで試すことにしました。その手法とは、「小さい勝ち逃げを作り出して、それをひたすら繰り返す」ということでした。

具体的には、ルーレットで赤と黒にそれぞれ1枚ずつチップを張って、当たった色は倍にして再度ベット。外れた色には、1枚だけベットする。当たりが続いて8枚になったら一旦回収（つまり、小さく勝ち逃げ）し、冒頭に戻って掛け直す……。

このやり方は、一攫千金《いっかくせんきん》の逆で、手持ちのチップを増やすのにとにかく時間がかかるのが特徴です。しかし、彼は3日間かけて1000万円ほど稼ぎ、その理論の正しさを証明してみせたのです。これは、要するに「運」や「祈り」を一切排除して「確率計算に基づき、ひたすら小さな勝ち逃げを繰り返す」を実践したという話です。

この方法、今調べると「マーチンゲール法」という名がついた昔から知られる理論でした。彼は理論があることを知らず、自ら発案した状況で立証を試みたわけです。現在、カジノの運営側はこの方法を禁止しているそうですが、むしろその事実が「ギャンブルで勝つ方法は『勝ち逃げ』しかない」ことを証明しています。しかも、それが禁止されていることすらあまり知られていない。カジノが煽るのはいつも「一攫千金の夢」の方だけですから。

③ 出口を隠す

上手に出口を隠すことで、客に長居させて売り上げを増やそうとするのは飲み屋ばかりではありません。ホテルの居室からお金の融資まで用意するカジノ然り、マルチ商法の仕組みしかり、新興宗教の勧誘しかり、その人が出られないような仕組みで取り囲んでしまうわけです。

携帯電話でも、総務省の指導が入るまで、解約はとにかくわかりにくい手続きでした。今では、どのキャリアもホームページに解約メニューを載せていますが、かつてはあからさまに見えにくいものでした。

今でも、メールマガジン系では、配信停止ボタンが見えにくいといった工夫がされていたりします。

■客の視線の外に目的を置く

ペナルティ、という言葉がありますが、これを利益の源泉に置いているビジネスは多々あります。わかりやすいところでは、かつてのビデオレンタルで、延滞金こそが事業の利益の源泉だったと言います。さらに言えば、銀行でしょうか。銀行はお金を貸してくれる企業、というイメージがありますよね。今の低金利の時代、そんなことをやっていたのではあれだけの行員を雇用することは困難です。銀行が儲けるビジネスモデルも、このペナルティ、つまり、返済難になった企業から担保の不動産を取り上げること、だったりするのです。

自分が返済難になるとは想定していない借りる側の企業は、低金利で融資を受けてしまうわけです。この時に、銀行は、完済という出口は見せますが、もう一つの出口についてはほとんど説明しません。「半沢直樹」のようなドラマが起こるなどとは思いもしない。銀行の本当のビジネスはそこから始まるとも知らずにサインしてしまうわけです。

■入り口に目を奪われすぎない

出口に比べて、入り口というのは華やかです。

私も、新居に引っ越す時に退去の条件なんて見もしなかったものです。しかしだからこそプロは、入り口を潜《くぐ》る際に、出口の確認を忘れないものです。

ハリウッドのセレブたちは、エージェントと契約する時は、解除時の条件を重要視しますし、おめでたい結婚時でさえフィアンセと離婚の条件を決めてからサインします。新規事業のためにジョイントベンチャーを作る時だって、解消して撤退することも考えて契約書は作成されるのです。

出口の確認は本当に大事なことなのです。

④ 勝てると錯覚させる

UFOキャッチャーに代表される、今も大人気のクレーンゲームですが、どうやったらクレーンで商品を獲れるのか、というテクニックはさまざまな都市伝説を生み出しました。

このクレーンゲームの「中毒性」を作る仕組み。それは一言で言うと「自分が上達した」と錯覚させ、「勝てる」と思わせてしまう、という技法です。これで人は続けてしまうのです。

実はクレーンゲームは、景品を挟むアームの握る強さをソフトウェアでコントロールしており、N回に1回、強く握るようにプログラムされているのです（最近はメーカーによってさまざまな異なる製品があります）。当然、その時は、成功する確率がぐんと高まります。それ以外は、摑めているポジションだったとしても、挟む強さが足りないので失敗するのです。

よく考えたら当たり前です。ゲーム提供側はビジネスですから、出玉コントロールにあたる機能が必要です。運やスキルにまかせて景品を提供していたのでは倒産しかねません。

この「N回に1回」が生まれる違いは、利用者側からは決してわからないのです。

そのせいで、「上達した」かのように景品を摑めてしまうことが起き、そしてそのあとに奇遇にも「取れそうで取れない」状況へと連鎖するわけです。

ここがポイントなのですが、「上達した」のだから、取れないのは、自分のミスで、それを繰り返さなければ必ず「次は取れる」と思い込んでしまうわけです。

これこそ「勝てると錯覚させる」技術です。ある意味では、とても危険な技術でもあります。

そう、なぜ、人間は中毒になるのでしょうか。

■誰もが祈る理由

受験生も科学者も、正月になれば神社にお参りに行きますし、不治の病におかされた時は必死に神に祈るものです。

なぜ、論理的で知性的とされる人までが祈るなどという非科学的行為をするのでしょうか。なぜ、「占い」や「奇跡」や「運命」といった非合理的なものを現代人は求めてしまうのでしょうか。

この理由もまたユヴァル・ノア・ハラリ氏が提起した「人類が持つ、フィクションを信じようとする能力」で説明できるでしょう。

ハラリ氏の言うフィクションとは、宗教や国家あるいは通貨、といった、動物世界には存在しない、人間ならではの概念であることは説明しました。私たちの祖先ホモサピエンスは、この「フィクションを信じる能力」によって集団を形成し、生き延びたと言われています。

科学的に言えば「奇跡」なんてものは確率論にすぎないはずです。しかし、神から課された苦行や信仰を重ねることによって、つまり努力することによって、祈りが通じ奇跡が起こる、つまり「上達」したと思い込んでしまう、これが宗教です。こうやって分解して考えると、この宗教の仕組みは、先述したクレーンゲームとそっくりではありませんか？　というか全く同じです。

だからこの「奇跡」という言葉はいまだに力を持っている。それは「何かを信じようとしてしまう」という遺伝子が人類にはあるからだと思います。

人はいつの世でもエンターテインメントを必要としています。

私たちは、信じることで、なんとか自己を保ち続けられる動物なのかもしれません。非科学的とわかっていても、「もしかしたら奇跡が起きるかも」「きっと何かいいことがある」という、科学では解決できない可能性を残していたいのでしょう。時代や地域を問わず人類の歴史が宗教と不可分であるのは、ひ弱な人類の祖先たちの生きる術であったと同時に、クセなんだと思います。

そしてそういう「奇跡」が存在するように見せることこそがフィクションの役割であり、また、大人たちがギャンブルを求め続ける理由かもしれません。

⑤ 古い知人を装って入ってくる

新しいものであるにもかかわらず、よく知られている姿を装って日常の中にしれっと入りこむというやり方をプロたちは使います。

その最たる成功例といえば、かつての携帯電話ではないでしょうか。

トランシーバーなどという名称で無線機が販売されていた時代、一部のマニアはそれらを楽しんでいたけれど、多くの人は使おうとはしませんでした。極論ですが、この無線機に、多くの人にとって馴染みのある「電話」という名称を付与して販売したのが携帯電話です。一気にブレイクしました。

消費者の心の中にすでに引き出しがある場合は、入っていきやすい。逆に引き出し自体を新しく作るとなると大変なコストがかかるものです。

だからまるっきり新しい製品というのは、世の中に入り込む時に、すでにあるものを装ってしれっと入ってくることが多い。そしていつの間にか、ちゃっかりと自分の居場所を確保しているのです。

ガラケーが成功させたその技法を、アップルは、そのまま再度行うことに成功しました。ｉＰｈｏｎｅという名のコンピューターを電話として発売し、さらなる大ヒットをさせたのです。新参者がユーザーの日常生活の中に居場所をつくる一番手っ取り早い方法、それが古くからいる者の名を名乗り、しれっとそこに居座ってしまうことです。

CHAPTER

6

［弱者の兵法その六］

居場所を創り出す神業

世の中には「魔法のような手法」で状況を一転させてしまう人たちがいます。いっさいの代償を払うことなく、それまでの弱みを強みにする神業のような手法を「ゲームチェンジ」と呼び、先人たちのその事例を紹介します。

ゲームチェンジという技法

ジョブズは2005年のスタンフォード大学の卒業式にて、「火事場の馬鹿力」についてスピーチをしています。彼が自分の過去について話すことは、生涯を通じてとても珍しいことでした。この日、彼は、「未来を予想しようとしてもできることではない」ということを、彼特有の、ともすると聞く者たちを煙に巻くような変わった表現で説いています。

そのスピーチの中で彼が用いた connecting the dots という表現。日本のみならず英語圏の人々の間においても、これが意味するものが今一つ、不可解なままとなっています。わかりにくいのも当然です。これは仏教用語の「因果・因縁」のことだからです。もちろんこれは私の説で、亡くなったジョブズにそれを確認する術はありませんが、確信しています。

かつてインド思想に傾倒していたジョブズは大学出のエリートたちに、元西海岸のヒッピー文化に通ずる考えを使ったのです。私たち日本人は「因果・因縁」という言葉だけは耳慣れているので「ああ、なんだ」となるかもしれませんが、その本当の意味となると怪しいのではないでしょうか。

「未来を論理的に予測しようとしても無駄だよ。因縁ってモノがあって、それを知ることなんていくら君たちが勉強してもできることじゃない。そんなことを考えず、むしろ、アホで居続けなさい」と。

因果・因縁という言葉がある通り、縁があるものと結ばれるというようなことを言いたかったのでしょう。スタンフォード大学の卒業生には、まるでちんぷんかんぷんだった話に違いありません。

彼はまた、自分ががんにかかっていたことを初めて明かし、「死は最も創造的な出来事だ」と表現しています。人間は追い詰められた時に、何が一番大切か、その答えが見えてくる、とジョブズは言います。

さて今から紹介するのは、まさに、これを体現している事例です。この本ではこれを「ゲームチェンジ」技法と呼ぶことにします。

今からその神業をいくつか紹介することにしましょう。

弱点を強みに変えたハインツ

ハインツという老舗のケチャップメーカーがあります。

長い間、ケチャップをガラスの瓶に入れて売ってきた、古くからあるメーカーです。ガラスの瓶に入っているので、利用者は瓶を上下に振ってそのケチャップを出すのが習慣でした。

ところが、競合メーカーは彼らの老舗イメージ、つまり「古き良きケチャップはガラス瓶に入っている」という世界観を逆手に取った戦略を仕掛けました。ビニールチューブに入れてケチャップを売り出したのです。

当時のアメリカでは、これは大きな話題となりました。後発メーカーは「上下に振らずとも強く握れば素早くケチャップが出てくる」というセールストークで、そのシェアを上げていったのです。

ある日のハインツの役員会。日に日に落ちていくシェアに何か手を打たなければならないという状況です。役員会ではシェアを奪い返すための2つの選択肢が提示され、このどちらを取るかが検討されました。

一つは長年のトレードマークであるガラス瓶をやめて、競合製品と同じくビニールチューブに入れて戦うというもの。もう一つは成分をより液状に近いものに変更するというものです。どちらの選択肢を取ったとしても、長年親しまれてきたハインツのブランドを棄損するリスクがありました。

ところが出席していた一人のマーケッターが変わったアイデアを提示しました。それはここにきて、あえて「ハインツのケチャップは自然のトマト素材をたくさん使っているので振ってもなかなか出てこないんです」という広告キャンペーンを打ってみてはどうか？　というものでした。結局、その日の役員会は、この、ちょっと風変わりな、3番目の選択肢を取ることになったのです。

その結果はというと、なんと大成功となりました。健康意識の高まりも追い風となって、消費者は満足げにハインツのケチャップ瓶を振るようになりました。
ハインツは何一つ製品の仕様を変えることなく、その居場所を維持し、ただシェアを奪回することに成功したのです。

3分間を味方につけた男

次は日本人の出番です。見事に「弱みを一転して武器に変え」た事例をお話ししましょう。

日本が誇る怪獣映画の巨匠、円谷英二《つぶらやえいじ》氏です。彼はウルトラマンという特撮ヒーローテレビドラマを作った人物です。最初のシリーズが１９６６年に放映されて以来、半世紀を超える長寿番組となっています。

このシリーズの大きな特徴に「ウルトラマンは3分間しか地上にいられない」という制約があります。カラータイマーが点滅することで、その危機を視聴者に知らせます。

要するに「3分間で怪獣をどう攻略するのか」というゲーム性を視聴者も楽しんでいたと言えます。このスパイスがなかったらウルトラマンシリーズはここまで長寿番組になっていただろうかと思うぐらいに、このカラータイマーはキャラクターに命を与え続けています。

しかし、どうやって円谷氏はカラータイマーを発想したのでしょうか。その答えはあまりにも意外なものでした。

1960年代当時、ゴジラなどの怪獣映画の特撮を多く手がけた円谷氏はTBSとテレビシリーズを制作する契約にこぎ着けたものの、その制作予算があまりに限られていたことに苦悩します。

少ない予算で30分の特撮ドラマを毎週1本制作するのはどう考えても無理だとスタッフたちも考えていたようです。

しかし、円谷氏はどうしても、このテレビ番組をやりたかった。

そこで「お金のかかる特撮部分を毎回数分に限定するための良い言い訳はないか」というギリギリの発想から生み出されたのが、このカラータイマーという奇策だったのです。

予算ギリギリでも自分の良いと思ったことを追求したい、という気持ちがこのアイデアを生み出したわけです。お金が残らないと商売にならないからやらない、という考えを最初からしていたら、初代ウルトラマンの企画はおろか、怪獣テレビシリーズなど世界には存在しないままだったでしょう。彼は、夢を実現し、テレビ欄の中に燦然《さんぜん》たる自分の居場所を獲得したのでした。

こういうギリギリの状態での事例が教えてくれるのは、「やりたい」という衝動を決して封印してはならない、ということです。もし円谷氏が「わがままは禁物だ」とか言って、ありがちな振る舞いをしていたら、ウルトラマンはこの世になかったということです。

ゲームチェンジ

ハインツ、ウルトラマンのカラータイマーに至るまで、視点をごっそり変えてしまうことで、自分の居場所を創ってしまうという、いわば神業を紹介してきました。考えてみれば、本人たちだって神業を意図して作り出したわけではないでしょう。追い込まれた結果、何かを変えなくてはいけない、という強い衝動の中でゲームチェンジは「ボンッ」と突然に生まれているのが特徴と言えます。

実は筆者の一人もゲームの開発過程でその貴重な経験をしたことがあります。今振り返ると、これがゲームチェンジだったのだなぁと思うのですが、その瞬間は必死すぎてその意識すらありませんでした。その時の話をしましょう。

音声認識技術を使ったしゃべる人面魚のゲームをリリースする時のことです。20年前の家庭用ゲーム機ドリームキャストの性能では、今の人工知能のような音声認識性能などとは全く比べ物にならないほどその機能は小さいものでした。

しかし、世界で初の音声認識を使った会話ゲームということで世の中の話題を集めようとしていました。

発売の数ヶ月前、開発も最終段階というところで一般に展示をすることにしました。大きな水槽に見立てたスクリーンとマイクを取り付けたブースに、たくさんの人たちが通りすがりに、画面の中の気味の悪いペットに会話を試みました。ところが、一般の人たちはこの人面魚に何を話しかければいいのかよくわからず、「なんか気持ち悪いんだよ」とか「何か言ってみろよ、お前どういう気持ちでそこにいるんだよ」など、絶対に認識できない長いセリフで話しかけてきました。人面魚は認識できない時は「もう一度言って？」とか「なんて言ったのかよく聞こえないよ？」と言うようにプログラムされていたので、話しかけた人たちは、ユーザーの言葉を認識しないこのペットにあきれ果てて帰っていくのです。

　これを見ていた筆者は残された数週間でこの状況をひっくり返せるのか、この状況を改善できるのかひたすら考えましたが、できることはほとんど見つかりませんでした。

　そんな時に思いついたのが、「相手への責任のなすりつけ」です。

　音声認識に人間の言葉を理解させるのをあきらめ、音声認識が理解できるように人を仕向けることにしたのです。音声認識の通常の使い方は、ユーザーが話していることが理解できない時はもう一度話すように促すことですが、ここでは「発言の品質が悪くて意味がわからない」と不満げにキャラクターに言わせることにしたのです。それでも認識できない状況が続けば、キレて怒って水槽の奥に引っ込んでしまうことにさせました。

これで人々はどう反応するようになったかというと、謝るように、あるいはまるで赤ちゃんにしゃべるように「ごめんね」「もっと話して」などと短くわかりやすい言葉で話すようになったのです。この変更でもって、人面魚は音声認識が機能しないという悪評判を回避することができました。ただ、同時に不機嫌なペットというレッテルを貼られることになりましたが。

この世界初の音声会話ゲームの大ヒットにより、ボカラトンのIBM本社からシアトルのマイクロソフトの音声認識チームに至るまで、たくさんの音声認識の開発者が訪れてくることになりました。彼らの質問はほとんどが「どうやってエンロールメントをしているのですか?」というものでした。エンロールメントとはユーザーの発話の癖をあらかじめ本人から学習することで認識率を上げる技術です。言うまでもなく家庭用ゲーム機ではそんなことはしていません。というか、できません。

私たちはただ「ユーザー側に、キャラが認識しやすい発音をするよう覚えてもらっているのです」と言うしかないのですが、彼らはそれを聞くとかなりびっくりした顔で帰っていきました。

このように、崖っぷちに追い詰められた時に出る技でありながら、かといってやぶれかぶれとも違う、このゲームチェンジという技を、実は私たちは生活のあちこちで目撃していると思います。「余計な技法など求めないで、がむしゃらに自分が信じたことに没頭しなさい、秀才ぶらずにアホでいなさい。そうすればいつか道はつながってゆく」

ジョブズに言わせれば、そういうことになるのでしょう。

スティーブ・ジョブズの孤独

しかし、この神のようなジョブズの人生が実は苦悩に満ちたもので、弱者の孤独から炙り出されたものだった事実はあまり知られていません。彼自身も、何度かゲームチェンジの技法で生き延びているのです。

彼の歴史を紐解けば、簡単に習得したというよりは、むしろ苦しんで、苦しんで、なんとか身につけたかのようです。それでも、そこにあえて触れず、学生たちに「未来などわかるわけがない」と言い切ってしまう理由は何だったのか。その話をして、この本のまとめとさせていただきましょう。

歴史的に、ジョブズは近代の大成功者の一人といって間違いないでしょう。彼は、もはや潰れるのも時間の問題と言われていたアップルコンピューター社を再生させたことで知られます。ｉＰｈｏｎｅは、それからしばらく経ってから出てきた製品です。

ではアップルを再建したジョブズは経営の神様か？　と聞かれたら、多くの人が「うーん、『経営』かなぁ。そっちじゃないなぁ。どちらかというと『発明』とか『イノベーション』の人じゃないかな」と言うのではないでしょうか。

「では『技術者』か？」と問われると、「技術者って感じじゃないよなぁ、どちらかというとプロデューサー的な人じゃないかなぁ」となる。

要するに、ジョブズは、既存の職業には当てはまらない人だったのです。

言い換えると、特に強い専門性を持っていない人でした。持っていたと言えるのはおそらく「独自のビジョン」という、その技能の優位性を他者に証明しにくいものだったのでしょう。ですから、常にエンジニアの協力を得ながらでないとモノづくりができない。つまり、チームでなければ仕事ができないわけです。

その意味で、ウォズニアックとアップルを創業したジョブズはコンプレックスに苛《さいな》まれる若者でした。

すべてはコンプレックスから

彼がアップルを共同創業した状況において、どれだけコンプレックスを持っていたか、その理由を挙げると以下になります。

・AppleⅡを作ったヒーローは、もう一人のスティーブであるウォズニア

ックであった

・エンジニアではない彼は創業の肩書きは形ばかりの「副社長」であった

これが、スタートアップ時のジョブズの存在です。

当時のほかの記録に目を通すと、ジョブズは悶々としていつも苛立っていたと言われています。なにせ、創業者の一人でありながら「自分が作った商品」がない。出資者からも、あまり重要視されていませんでした（ジョブズは養子で、本当の両親の顔を見たことがないという個人的な環境も大きく影響していたのかもしれません）。

ハッカー全盛時代において「技術者でない」という自分のコンプレックスを抱える創業者の、居場所を求める自分探しの人生だったと思われます。

自分の居場所を創る試み

次のステージは、アップルが成長し始めた頃です。ジョブズはまだ、自分の価値を周囲に見せ付けられずにいました。当然、焦りが生まれます。この時はあまりよそに誇れないようなこんなエピソードを残しています。

・社員が増えたことで社員番号制を始める際、1番はウォズニアックに与えられ、ジョブズには2番が割り当てられそうになった。悔しくてジョブズは0番を自分に割り振って、自分の優位性を守ろうとした。もちろん、周囲からの信頼はからっきしだった。

・一社員が立ち上げた「マッキントッシュ」というカナダ産のリンゴ種から命名したプロジェクトを、ジョブズは創業者の立場を利用して乗っ取り、強引に自分の管轄下にした（つまり、マッキントッシュの命名者はジョブズではない）。

ジョブズが初めて、自分の居場所を手に入れたのは、皮肉なことにこの瞬間のことでした。

社内プロジェクトの乗っ取りは違法ではありませんが、周囲から見てもかなり強引な「泥棒行為」だったと言われています。

それまでは広告塔的な役割しか担っていませんでしたが、これによって製品開発のトップとしての居場所を手に入れたのです。この時、「無ければ奪うだけ」という開き直りの方法をも彼は得たのかもしれません。

「無ければ奪う」という戦術

またこの頃、当時の株主であったゼロックス社からの勧めで見学した同社パロアルト研究所の試作品が「アイコン」と「マウス」を搭載したことにジョブズは注目しました。

そして驚くことに同社のアイデアを、担当エンジニアごと引き抜いてアップルに移動させました。「無ければ奪ってくる」という戦術をここでも実行したわけです。ジョブズは、自分でプログラムを組めないがゆえに、「形から」考える術を使っていくのです。

マッキントッシュは1984年に発表されます。そのロゴ、デザイン、素材、梱包材、付属品（アップル製品にステッカーが付属されるようになったのはマッキントッシュのそれからの伝統です）、すべてが、当時のパソコン〝らしくない〟もので染め上げられました。

ジョブズは、形から考える人であることはそれ以来一貫していますが、それは、長年のコンプレックスの裏返しではないか、つまりエンジニアではない彼は、自分の弱みを「製品を外から発想」するという武器に変えていったと考えられます。弱者の戦い方、つまりゲームチェンジの手法です。出来上がったマッキントッシュというパソコンは、ウォズニアックによるＡｐｐｌｅ Ⅱと正反対のことを徹底したマシンとなって出てきました。背面は普通のドライバーでは開かないような閉鎖設計。メモリや拡張カードの取り付けなど、専門知識のあるユーザーからのカスタマイズを拒否する形でした。つまりアップルファンからすれば、中を絶対に見せない、ことへの執着心の結晶みたいなパソコンだったのです。

したがってＡｐｐｌｅ Ⅱがウォズニアックという天才がたった一人で作った物であるのに対して、マッキントッシュは膨大な予算と人数を投入して作られた製品となりました。古きアップルファンからは総スカンをくらいますが、ジョブズはついに自分の製品を手に入れ、アップルに居場所を確立したか、に思われたのです。が、その2年後に、悲劇が訪れました。

ジョブズのあまりのわがままさが社内で問題となり、自分が招き入れたCEOによって自らが創業したアップルを追放されることになったのです。ジョブズは「アップルと類似する技術を持ち出さない」などの契約書にサインさせられ解任を言い渡されました。

彼は取締役会で号泣するというパフォーマンスまで取り入れて説得を試みますが、叶いませんでした。

自分が行ってきたのと同じ、強引な手法によって奪われ、失うことになったわけです。これが彼を再び襲った地獄のような孤独の始まりでした。

ジョブズが試みた戦略

このあと失意の10年を経て、ジョブズは奇跡的にアップルに返り咲きます。

この10年の間に、自分がなぜ追い出されたのかその経緯を検証したのでしょう。彼はアップルの改革に向けて徹底した策を取り始めるのです。その項目は、本書の前半に書いたフィクションの条件に関する章の内容と共通していると思いますが、その徹底ぶりには、目を見張るものがあります。

彼がアップル復帰後に取った形からの施策は以下の通りです。

・自分を招き入れてくれたCEOを追い出してワンマン体制を作った
・過去の製品ラインを捨て、iMacというスケルトンデザインモデルで置き換

えた
・宿敵マイクロソフトを株主に迎えた
・権限をすべて本社に集中させた
・マックOSの他社へのOEM提供を停止した

つまり彼は「弱者の兵法」そのままに、自分が追い出されない環境を作り、また、自分にとって有利になるルールへと徹底変更したわけです。

このおかげで、社内外のあちこちにいた〝ローカルヒーロー〟は絶滅しました。ジョブズの知らないところで勝手に互換マックを作るメーカーも消滅しました。社内は、明確にワンマン体制となったのです。日本法人でもそれによる変化はあからさまでしたが、その象徴的な逸話を一つ紹介しましょう。

ジョブズが復帰する以前、アップルが迷走していた時期、日本法人の社長の一存で、アップルによる日本女子プロゴルフ選手権大会特別協賛記念として独自のカラー仕様のパワーブックが発売されることがありました。いわゆるベネトンカラーのパワーブックと呼ばれた幻の純正製品で、当時の日本法人社長が大のゴルフ好きだったことから生まれたものです。これは氷山の一角で、筆者の一人は、日本製のパワーブックについて書いた本がバンドルされたことがあります。『街の冒険マック』というその本には、出版元としてアップルコンピューターと堂々と表記されています。今のアップルからはとても考えられないことです。それくらいアップルというフィクションはルールが不統一でブレていたということです。それらを少しずつ、ではなく〝一気に〟ジョブズは一掃したわけですが、国によってはパートナー企業から提訴されていたことも多々あったのではないかと推測します。それくらい、「忖度なし」の施策でした。

そしていよいよｉＰｈｏｎｅです。この頃には、新しいアップルのフィクションはその力を強めてきた時期です。

そしてこれまでの携帯電話メーカーが誰もできなかった奇策を徹底します。

・美しい背面の曲面デザインにこだわり、バッテリーを交換不能とした

・シンプルな箱に入れて発売するために取扱説明書を廃止した
・一流ブランド感を出すため電化製品に用いられる梱包部材の使用を禁じた
・アプリを勝手にインストールさせることは認めなかった

独自の哲学による部材選択

むろんiPhone独自のその性能も魅力的でした。が、そこには「形から入る」という徹底した哲学が方々に見受けられます。意外に語られていないことですが、こと3番めは、テープ、輪ゴム、ホッチキス、針金などパソコンでは定番の梱包材を一切使用しないことで、ブランド品としての風格を持たせるという、ブランディングへの挑戦が窺われます。

その覚悟のほどは、それまでのアップルコンピューターという社名から、コンピューターという文字を取り去ったことにも窺われます。これをやったのはiPhoneがヒットするかまだわからないタイミングです。もはやコンピューター会社ではない、という挑戦的な宣言でした。アップルはこの時、回復基調にあったとはいえまだまだ不安定さを残した会社でした。創業以来の社名を変える、なんて、アップルの歴代CEOですらできなかったことです。

ここで重要なことは、これら戦略はジョブズの考えることが妥協なく貫かれていること、そして、その根底には彼のコンプレックスが深く根ざしていること、さらにはそれを強みに変えることで他社とは徹底的に「違」うことにこだわったこと、という三点です。

他社の業界の常識に馴染むことなく、〝ゲームチェンジ〟をアップルが有利になるまで徹底して仕掛け続けてきた、それが今の「アップル」というブランドの正体だということです。

謎のスピーチで意図したもの

スタンフォード大学でのスピーチの話に戻りましょう。

パーソナルコンピューターの父と呼ばれ、アップルフェロー（名誉研究員）でもあったアラン・ケイは、「未来を予測する最速の方法は、自らそれを発明してしまうことだ」という名言を残しています。

ジョブズはそれを事業で実践してしまっているわけですから、「未来を自分の手で作ろう」などありがちな発言を学生に残しても十分すぎる説得力があるはずなのに、あえて「未来などわからない」と言っています。

なぜ、未来を語らず「わからない」と言ったのか？

このジョブズの発言の謎解きをするヒントは、取材やインタビュー嫌いの彼が、あまたある依頼の中からたった一つだけ、スタンフォード大学のスピーチの依頼を断らなかった理由、そこに、あると思います。多忙を極めているはずの彼が、あえてスピーチの台本を考えるエネルギーを投じたわけですから。

スピーチの中で、ジョブズが賞賛している『ホール・アース・カタログ』という雑誌、これはヒッピー文化のバイブル的な存在ですが、ヒッピー文化というのは反体制の文化です。この時代、ヒッピーとはアメリカ社会でのはみ出しもの、弱者の象徴でした。「金持ちのアホに何がわかるか」は反体制の思想に通じるものですが、かつて広告でIBMを批判した手法もこの思想に基づいていたことは先述の通りです。政府の言葉に騙されるな、もっと外の世界に目を向けろ、です。ベトナム戦争を正当化し多くの若者を戦争に送り込んだ政府への不信感から生まれた文化です。

こうした時代背景から生まれてきたのが、パーソナルコンピューターだと主張するジョブズにとって、大学を出たエリートなど、はなから信用していない存在だったのではないでしょうか？　トラウマになるほどの孤独から這い上がってきたジョブズは、コンピューターサイエンスを学んだ程度の彼らに時代を変えるほどの製品を発明できるなどとは、これっぽっちも思っていなかったのでしょう。だからジョブズ自身もカレッジ（専門性のない大学の教養課程）すら出ていないなどという自虐的な話をわざわざスピーチの冒頭にしたのかもしれません。

ここまでくると、謎めいた氏のスピーチの本意が見えてきます。

死と向き合って見つけたもの

彼は、死と向き合っていた期間、自分の波乱万丈の人生を振り返り、改めてわかったことがあったのではないでしょうか。それは、上り詰めたと思ったらその後にどん底が来た、とか、信じた人には裏切られた、とか、成功のカギが元々予想したところにはまるでなかった、などという苦労談ではなく、たぶんそれは、「ものごとに正解などない」という達観に近いものに思われます。

エリート志向の若者が、いい成績をおさめた、とか立派なキャリアを積んだからといって未来をやすやすとわかろうなどと思うなよ、と本音では言いたいジョブズは（大学でのスピーチですから）大学を直接的に批判せず、煙に巻くような表現で話したのがこのスピーチではないか。

「エリートのお前らは、まず今いる序列から脱しろ、そして私たちヒッピーが他の世界を旅してきたように、未知の世界に飛び込んで、もっと多くを体験しろ。答えはそのあとだ。すべては因果・因縁なのだから」と婉曲で言っているのではないだろうか。

だとしたら、大学構内で、まさに、反体制のスローガン"Turn on, Tune in, Dorp out"（目を覚まし、仲間を見つけ、序列から飛び出せ）を拡散しているわけであり、してやったりのジョークということになります。

ジョブズの口調から、巨大企業のＣＥＯでありながらいまだに自分は体制側ではないと考えていること、や、かつ若者を温かく見守る大人目線ではなく、ライバルを見る現役の視点で学生を見ている、ということがわかりますので、そう考えると、この手の込んだスピーチは、ジョブズが一生で一度はやってみたかったであろう、周到な一大ジョークではないか、という先の仮説に至ってしまうのです。

その証拠に、そこまでのことができるからこそ、多忙にもかかわらず彼はこのスピーチの仕事をあえて受けたのではないでしょうか。

キャンパス内に全卒業生を集め、厳粛な雰囲気の中で婉曲に大学制度をこき下ろすという大パフォーマンス。そのモチベーションは、いうまでもなく「弱者」であった彼が依然として持つ、学歴や体制への懐疑心や反発心ということになります。そうだとすれば、どこにでもありがちな話でジョブズがスピーチをまとめなかった謎がすべて解けます。

「皆さん、未来に向けて頑張ってください」などのように退屈でありがちなメッセージを口にするよりも、この方がずっと若き頃のジョブズらしさをたたえた「弱者のゲームチェンジ」の塊がそこに出現してくるからです。

そして、おわりに

多少、唐突な終わり方ですが、本書はここまでです。実業家とゲームクリエイターという二人の著者が異能の人に向けた本を書こうとスタートしましたが、読んでおわかりの通り、少し変わった本として出来上がりました。皆さんの生活に多少でもヒントになれば幸いです。

すっかりこの国は、日本というフィクションの上にあぐらをかいてしまっているようです。どれだけほつれて、そしてダメになっても、日本人がなかなかこの国を捨てないから、いや、捨てられなかったから、未だに目を覚ませないでいるようです。

ここまで弱体化する前に、もっと別のフィクションを選択肢として持つべきだったのでしょう。なかなかそうできなかったのは、日本語という言葉の特殊性からだという指摘は多く、筆者もそれは正しいと思います。他国語との互換性に乏しい日本語を話す人は、異国で活躍することは容易ではなかった。だからこの国にいるしかなかったのです。

今、ChatGPTが生まれました。人と話すのが苦手な人ならばＡＩツールを使ってでも話せばいいというのが筆者の持論です。すべて自分の脳ミソだけで勝負しなくても良い時代ということです。計算が苦手なら電卓を使えばいいし、目的地に早く到着したければカーナビを頼ればいい。それと同じです。ＡＩは人間にとって代わるものではなく、拡張機能なのです。

生徒が教師を選び、タレントが事務所を選ぶ時代になってきたように、市民が国籍を選ぶ時代がまもなく訪れるでしょう。もちろん国は、そんなことさせまいと必死になって新しい規制を作ってくるでしょうが、インターネットが出現した時点でもはやその運命は決定づけられたと思います。自分に合ったフィクションを選択できる時代が来れば、弱者は確実に減ります。ただ、その時までに、弱者自身が消えてしまってはならない。なんとか生き延びてもらうためにゲーム的な秘伝の書を書こうではないか、というのが本書の目的です。

企画段階での仮題は『挫折しない技術』というものでしたが、前述した時代の流れが示唆するものの象徴として「弱者」というキーワードが起案され、現在のタイトルに落ち着きました。

株式会社ＫＡＤＯＫＡＷＡの川上量生さん、佐久間彩乃さん、そして編集の菊地悟さんには大変な苦労をおかけしました。末尾ながら感謝の意を添えさせていただきます。

２０２４年７月
著者

堀江貴文×斎藤由多加【特別対談】

「弱者」はAIとどう向き合うか

AIこそが弱者にとって革命になる

斎藤　今回のこの本のキーワードはいくつかあります。一つは「フィクション」という言葉、もう一つは「異能」という言葉、そして「弱者」です。

堀江　タイトルにもある「弱者」と言えば、今はやはりAIの活用じゃないですか。もはや、AIを使えば、自分の頭だって良くすることができる。こういう、いわゆる「チートできる」ことに対して、「それはズルいんじゃないの?」みたいなことを言う人が必ずいるんですけど、「ズルして何が悪いの?」って。AIで弱者にもチャンスが生まれる時代ですよね。

斎藤　確かにそうですね。今のホットトピックとして考えれば、AIを外すことはできないでしょうね。もう、本当にいろんなところで話題になるところまで来ましたね。それだけ広まっているということだと思います。その分、いろんなことを言う人がでてきますけど。

堀江　今、自転車に乗っている人に向かって「お前、それ『チート』だろ」って言う人、一人もいないと思うんですよ。でも、昔はそういう人、いたと思うんです。「俺は足が速い」、「足が速いことが俺のスキルだ!」みたいな人間は、自転車を「ズルい」存在としてぶっ壊す、ラッダイト運動みたいなことをやったんじゃないかな。

斎藤　なるほど。そういう人はいたかもしれない。

堀江　今のＡＩって、そういうラッダイト運動の対象になっちゃうんですよね。特に「クリエイター」と呼ばれる職業の人たちって「ＡＩに負けることはない」って言っていたけど、そこに今、ＡＩがドンドン入っている。これからテレビＣＭがＡＩによって作成されたものになっていきますよ。

斎藤　テレビＣＭだって、要は「15秒とか30秒の動画」ですもんね。

堀江　そうそう。そういう短い時間の動画をＡＩでパパっと作る。それをこういうジャンルに詳しくない人間に見せているんですけど、ＡＩが作ったのか人間が作ったのかなんてわからない。前作『指名される技術』は表紙にキャバクラで働いている女性の写真を使っていますけど、そういうキャバ嬢に見せたら「へー！　すごーい！」っていう感じですよ。

斎藤　ほとんどの人はわからないですよね。今、我々がスマホで見ている、ＳＮＳに流れている動画だって既にそういうものはあるでしょうし。どれがＡＩで作ったものかなんて、わからないまま見ているけれど。知ったら驚くでしょうね。

堀江　本当に。びっくりするぐらいみんな衝撃を受ける。ＡＩってもう、人間の平均的な知能指数である１００を超えちゃっていると思うんですよね。でも、僕がそこで安心したのは「人間の知能だって実はたいしたことがなかったんだ」ってことなんです。

斎藤　そうやって実際にＡＩを使って強くなれる弱者もいるけれど、一方で異能と呼ばれる人たち、つまり、ちょっと才能があるがゆえに潰されてしまうという、今の社会をどう見ていますか。

堀江　ポイントなのは親です。親に才能を潰されないようにしてもらうしかないんですよ。特にお母さんです。

斎藤　今の若い親だって、「自分の子どもは『良い学校』を目指さなきゃいけない」みたいな強迫観念を持っていますよね。20年前、30年前とは人口が減っていることでいろんな部分が大きく変わっているのに。

堀江　いまだに「学歴社会」だとか言って、自分の子どもを小学校とか中学校の受験戦争に送り込んでいる親とか、本当に信じられない。

斎藤　日本に強い傾向なんですかね。

堀江　いや、日本に限らないと思いますよ。イギリスだってボーディングスクールとかあって、行かせるじゃないですか。

斎藤　まぁ、とにかく学校という仕組みそのものの必要性が低くなっているということですね。教育というジャンルは古い価値観が残りがちなところですしね。

堀江　そうです。国民国家っていうシステムが時代遅れなんですよね。もちろん、「時代遅れ」のものだって突然終わるわけでもないんですよね。その時代に生きている人は、時代遅れだかどうだかとか、イノベーションがどうだかっていうことはわかんなくて、50年100年となんだかんだ続くんですよ。

イノベーションは辺境から生まれる

堀江　その話でいくと、「イノベーション」って辺境から生まれてくるんですよ。

斎藤　革命が辺境から生まれるっていう話はありますよね。比喩的な話でなくて、実際に地理的に端っこにいる人たちが蜂起するというのも聞いたことがある話です。

堀江　そう、「辺境から」なんです。歴史的に見ても、ルネサンスなんかも当時のヨーロッパの辺境だったイタリアで起きているんですよね。そのルネサンスの面白いところは「客観」なんですよ。具体的に言うと「レンズの発明」です。レンズの発明によって写実主義が生まれたんです。画家たちはレンズで壁に投影された絵をなぞって描いたんですよ。

斎藤　レンズがカメラよりも先にあった、と。

堀江　そう、それによって客観視ができるようになったんですよ。だから、ルネサンス以前と以後とで、大きく変わっているんです。「観察」っていうことができるようになって、そこから天体観測がおこなわれて、地動説が生まれ、科学となり、近代化に繋がっていく。産業革命が生まれるのは「客観視ができるようになったから」なんです。

斎藤　それは面白い話。

堀江　だけど、ルネサンスというのは16世紀の話で、産業革命が起きるのって18世紀じゃないですか。やっぱり200年ぐらいかかっているんですよ。AIが生まれて200年もかかるとは思いませんが、10年か20年はかかるかなって感じますよね。

斎藤　確かに200年はかからないとしても、AIが本当に広まっていくまでには時間がかかるのかもしれません。

「馬鹿」が「天才」になれる時代

堀江　異能人は異能人で幸せになれると思うけど、これからは「馬鹿」が「天才」になれる時代です。まさに弱者の兵法ですよ。馬鹿がＡＩを使いこなして頭良くなったら生きやすい社会になると思います。ＡＩが司法試験の合格水準をクリアしちゃうわけですから。そういうＡＩを使っていけばいいんですよ。

斎藤　そうすると、人間に残されたことって何だろう？

堀江　そういう「人間に残されたことは」っていう話によくなるんですけど、そもそも人間というのは機能拡張する生き物なんですよね。たとえば、「移動」という分野においてウサイン・ボルトより僕の方が速いんです。ボルトは１００メートル走だったら世界一かもしれないけど、「移動」という点では自動車を運転した僕の方が速い。要は「速く移動する」という能力においては、生身の人間が世界一になる余地はもう1ミリもないわけですよ。

斎藤 その通り。飛脚の話じゃないけど、「移動」ということを考えれば、人間はさまざまなものを利用しています。

堀江 「AIがどれだけ人間をまねできるのか」っていうチューリングテストの話が最近、出ないじゃないですか。なんで出ないかっていうと、チューリングテストをパスしちゃってるからですよ。とても当たり前のことを言うけれど、人間って、いきなりわけわかんない行動に走る時があるじゃないですか。それが「人間の強みでもあり弱みでもある」って話にもなるけれど、いやそれもAIに同じことができるんですよね。生成系AIの素晴らしさっていうのは何かっていうと、そうした人間のニューラルネットワークでやっていることを実装しちゃったんだよね。

斎藤　話が少しずれるけど、この本の原稿も自分で書いているわけだけど、堀江さんはこういう「書く」って行為を今も続けていますか？

堀江　毎日、400字くらいのコラムは書いていています。400文字ぐらい。だけど、そのギュッと内容を詰め込んだ文章を「読めない」読者がいるんですよ。僕も最初わかんなかったんだけど、「堀江さんのメルマガは読むのに1日かかります」とか言われるわけです。「本当に？」って驚いたんだけど、「本当に1日かかる」んですって。だから、今は毎日書いているコラムをAIによってちょっと「薄めている」感じなんですよ。

斎藤　コーヒーのエスプレッソをわざわざアメリカンにするみたいに。

堀江　そうそう、そうなんです。斎藤さんと一緒に仕事をやり始めた10年くらい前には、こんなことができるとか、こんなことになるなんて思わなかったですけど。

斎藤さんが開発したゲームの「シーマン」、今こそ「シーマン」を作るべきだと思いますよ。

斎藤 あの「シーマン」の面白いところって、実は知識じゃなくて相手が言った言葉尻を捕まえて逆質問するところなんですよ。その「逆質問する」というところがChatGPTは苦手なんで、別のものを使って作っているんだけど、それがそろそろできそうです。

堀江 逆質問ってまさに生成系ＡＩのコアですよね。

斎藤 そう。そこにあの独特のキャラクターをどう作るかっていうのをね、今やっているところですね。ただ日本語の処理がまだまだ駄目ですね。日本語力が低い。そうした日本語の部分も含めて、今一番とりあえず進んでいるのが、やっぱりオープンＡＩですね。

堀江　なるほど。

斎藤　堀江さんもいろんなところでよく話をしているジョブズの話を最後にしましょう。この本ではスタンフォード大学のスピーチを紹介したんですよね。

堀江　はい、そうでしたね。

斎藤　ジョブズは結局のところ「未来を予測しようとしたって難しい、無理なんだよ」っていうようなことを伝えたんだと思いますよね。

堀江　たしかに「未来は予測できない」けれども、僕はこの世界っていうのは、波、ウェーブみたいなものだと思っているんです。ウェーブというのは上がったり下がったりする。

斎藤　この本ではあのスピーチの解釈で「因果・因縁」という仏教用語を使っていますけど、実際、ジョブズは仏教に強い興味と関心を示した。

堀江　ジョブズもブッダと同じような境地に達したのかもしれないですよね。

斎藤　そうかもしれませんね。スタンフォード大学の学生というエリートに向けて、「お前らにはわかんないかもしれないけどさ」と。ただ、そのうえで「やりたいようにやれば道は開けるんだ」っていうメッセージは達観という感じですね。

（了）

堀 江 貴 文

（ほりえ　たかふみ）


1972年10月29日、福岡県生まれ。実業家。SNS media&consulting株式会社ファウンダー。

現在はロケット開発や、アプリのプロデュース、また予防医療普及協会として予防医療を啓蒙する等 様々な分野で活動する。会員制オンラインサロン『堀江貴文イノベーション大学校（HIU）』では、700名近い会員とともに多彩なプロジェクトを展開している。

http://salon.horiemon.com
主な著書に『金を使うならカラダに使え。』、『ChatGPT vs. 未来のない仕事をする人たち』、『2035　10年後のニッポン　ホリエモンの未来予測大全』などがある。

その他詳細は　https://zeroichi.media/

斎藤由多加

（さいとう　ゆたか）

1962年10月15日、東京都生まれ。ゲームクリエイター。株式会社シーマン人工知能研究所所長。早稲田大学理工学部卒業後、リクルートに入社。退職後に起業し、ゲーム「ザ・タワー」が世界中で大ヒット。その後「シーマン～禁断のペット～」をドリームキャスト向けに発売、社会現象となるヒットを記録した。日経BP社ベンチャー・オブ・ザ・イヤー最優秀若手経営者部門賞、文化庁メディア芸術祭デジタルアート（インタラクティブ）部門優秀賞など受賞多数。

主な著書に『指名される技術』（共著）、アップルジャパンを舞台にしたノンフィクション『林檎の樹の下で（上・下）』などがある。

装丁　菊池祐

弱者《じやくしや》の兵法《へいほう》
折《お》られてしまいそうな君《きみ》たちへの遺言《ゆいごん》

2024年10月 2 日　初版発行

著者／堀《ほり》江《え》貴文《たかふみ》、斎藤《さいとう》由《ゆ》多《た》加《か》

発行者／山下直久

発行／株式会社KADOKAWA
〒102-8177　東京都千代田区富士見2-13-3
電話　0570-002-301（ナビダイヤル）

印刷・製本／大日本印刷株式会社

●お問い合わせ
https://www.kadokawa.co.jp/（「お問い合わせ」へお進みください）
※内容によっては、お答えできない場合があります。
※サポートは日本国内のみとさせていただきます。
※Japanese text only

定価はカバーに表示してあります。

ISBN 978-4-04-115409-0　C0095